Josef F. Justen

Die zwei Jesusknaben

—

Ihr Heranreifen zum Christus-Träger und die Menschwerdung Christi

AF211009

*In Jesus trat der Christus
als Mensch in die Erdenwelt.
Jesu Geburt auf Erden
ist eine Wirkung des Heiligen Geistes,
der um die Sündenkrankheit
an dem Leiblichen der Menschheit
geistig zu heilen, den Sohn der Maria
zur Hülle des Christus bereitete.*

Rudolf Steiner[1]

Dieses Buch kann als eine komplett überarbeitete und **ganz erheblich** ergänzte und erweiterte Neuauflage unserer 2020 erschienenen Schrift *»Die zwei Jesusknaben und ihr Heranreifen zum Christus-Träger«* betrachtet werden.

Anlässlich des 100. Todestages Rudolf Steiners am 30. März 2025, dem wir die tiefen Erkenntnisse verdanken, die in diesem Buch dargestellt werden, haben wir uns im Gedenken daran zu dieser Überarbeitung entschlossen.

Bibliografische Information der Deutschen Nationalbibliothek:
Die Deutsche Nationalbibliothek verzeichnet diese Publikation
in der Deutschen Nationalbibliografie; detaillierte bibliografische
Daten sind im Internet über dnb.dnb.de abrufbar.

(100. Todestag Rudolf Steiners)

Verlag: BoD · Books on Demand GmbH,
In de Tarpen 42, 22848 Norderstedt, bod@bod.de

Druck: Libri Plureos GmbH,
Friedensallee 273, 22763 Hamburg

ISBN: 978-3-7693-7795-8

Inhaltsverzeichnis

*Ich bin überzeugt,
dass die Bibel immer schöner wird,
je mehr man sie versteht, das heißt,
je mehr man einsieht und anschaut,
dass jedes Wort, das wir allgemein auffassen
und im Besonderen auf uns anwenden,
nach gewissen Umständen,
nach Zeit- und Ortsverhältnissen
einen eigenen, besonderen,
unmittelbar individuellen Bezug gehabt hat.*

Johann Wolfgang von Goethe

Vorwort

I n der Heiligen Schrift verbergen sich unzählige Geheimnisse, die sich uns Menschen nicht so ohne weiteres erschließen. Somit ist es auch keineswegs verwunderlich, dass die Theologen und Exegeten sie nicht zu entschlüsseln vermögen.

Diese Mysterien können nur von einem hohen Geistesseher und Eingeweihten – wie insbesondere *Rudolf Steiner* (1861 bis 1925) einer war – enträtselt und der Menschheit offenbart werden, wenn es für sie an der Zeit ist.

In diesem Büchlein geht es um ein besonders großes Geheimnis, das den Menschen lange Zeit nicht preisgegeben werden durfte, weil sie es bis vor gut 100 Jahren noch nicht hätten verstehen und vertragen können. Dieses Geheimnis betrifft die Wesenheit des *Jesus von Nazareth*, der im 30. Lebensjahr zum Träger des *Christus* wurde.

Für einige Leser mag es nun etwas schockierend, vielleicht sogar anstößig sein, im Folgenden zu erfahren, dass in Bethlehem *zwei verschiedene* Jesusknaben zur Welt kamen. In dieser Schrift soll dargestellt werden, warum es notwendigerweise dieser zwei Jesus-Persönlichkeiten bedurfte, wodurch sie sich unterschieden und was ihre Mission war.

Die Zeit des blinden und naiven Glaubens, der in früheren Zeiten noch hinreichend war, ist längst vorbei. Wir müssen uns heute mit all unseren Seelenkräften bemühen, um ein Verständnis für dieses große Mysterium gewinnen zu können.

»Wenn die Menschen die Wahrheit gewöhnlich gern einfach haben möchten, so rührt das von der menschlichen Bequemlichkeit her, die sich nicht gerne viel Begriffe machen will; aber die größten Wahrheiten sind auch nur durch die größten Anstrengungen der geistigen Kräfte zu schauen. Wenn der Mensch schon die größten Anstrengungen machen muss, um eine Maschine zu beschreiben, so darf er erst recht nicht verlangen wollen, dass die größten Wahrheiten auch die einfachsten sein sollen. Die Wahrheit ist groß und deshalb kompliziert, und wir müssen unsere geistigen Kräfte schon anstrengen, wenn wir nach und nach die Wahrheiten verstehen wollen, die sich auf das Ereignis von Palästina beziehen. Es möge sich auch keiner dem Einwand hingeben, dass die Dinge zu kompliziert dargestellt würden; sie werden so dargestellt, wie sie sind, und sie sind so, weil wir es mit der größten Tatsache der Erdenentwickelung zu tun haben.«[2]

Anmerkungen:

»Alle aus unterschiedlichen Quellen entnommenen Zitate in diesem Buch sind kursiv gedruckt.«

»Zitate aus der Heiligen Schrift sind eingerückt.«

»Die im Text eingebetteten Original-Zitate aus Büchern und Vorträgen Rudolf Steiners sind in einer anderen Schriftart gedruckt, um auf den ersten Blick als solche erkannt zu werden.«

Alle Zitate aus dem Neuen Testament sind – soweit nicht anders angegeben – in der Übersetzung von *Heinrich Ogilvie* (1893 bis 1988), Gründungsmitglied und Priester der *Christengemeinschaft*, wiedergegeben.

Alle älteren Zitate in diesem Buch sind an die heute gültige Rechtschreibung angepasst.

Kapitel 1

Die Kindheitsgeschichte Jesu
in den Evangelien

*I*n diesem einleitenden Kapitel wollen wir den Blick darauf richten, was man den Evangelien über die Geburt und die Kindheit Jesu entnehmen kann.

Wie wir sehen werden, wird man dabei auf einige Widersprüche und Ungereimtheiten stoßen.

1.1 Geburt und frühe Kindheit Jesu

Wenn jemand, der sich auf die Evangelien beruft, über die Geburt und frühe Kindheit Jesu erzählen möchte, so *könnte* er zu einer der beiden folgenden Schilderungen greifen.

1.1.1 1. Schilderung

In der Stadt Nazareth in Galiläa lebte eine Jungfrau. Ihr Name war *Maria*. Sie war verlobt mit einem Manne namens *Joseph* aus dem Hause *Davids*.

In der Zeit, als Elisabeth mit Johannes dem Täufer im sechsten Monat schwanger war, wurde der Engel Gabriel von Gott zu Maria gesandt. Als der Engel ihr dann erschien, begrüßte er sie, sprach sie als »Begnadete« an und sagte, dass der Herr mit ihr sei.
Maria war aufgrund dieser erhabenen Erscheinung und dieses außergewöhnlichen Grußes ganz außer sich und verstand die Worte des Engels nicht. Gabriel sagte ihr, sie solle sich nicht fürchten. Dann verhieß er ihr, dass sie schwanger werde und einen Sohn gebären werde, den sie Jesus nennen solle. Dieser werde ein Sohn des Höchsten genannt werden und Gott, der Herr werde ihm den Thron

seines Vaters David geben. Er werde für alle Zeiten König sein über das Haus Jakobs.

Maria war ganz bestürzt und verstand die Prophezeiung nicht, da sie sich nicht bewusst war, jemals mit einem Mann zusammen gewesen zu sein. Folglich konnte sie sich nicht erklären, dass sie schwanger war oder werden könnte. Da antwortete ihr der Engel, dass der Heilige Geist über sie kommen und die Kraft des Höchsten sie überschatten werde. Weiter sagte er, dass der Sohn, den sie gebären werde, »Sohn Gottes« genannt werde.

Dann verließ der Engel sie wieder.

In jenen Tagen, als *Quirinus* Statthalter von Syrien war, erging ein Erlass des Kaisers *Augustus*: Alle Bewohner des Reiches sollten sich registrieren lassen. Es war die erste Volkszählung. Alle machten sich auf in ihre Vaterstadt, um sich eintragen zu lassen.

Auch Joseph, der aus der Sippe Davids stammte, befolgte die Anweisung und zog mit seiner schwangeren Frau nach Bethlehem in Judäa, der Stadt Davids, um sich dort registrieren zu lassen.

Als sie dort angekommen waren, kam für Maria die Stunde ihrer Niederkunft und sie gebar einen Sohn, ihren erstgeborenen. Da die Familie keine Herberge fand, wickelte sie das Kind in Windeln und bettete es in eine Krippe.

In der Gegend waren Hirten auf dem Feld, die bei ihrer Herde Nachtwache hielten. Da erschien ihnen plötzlich ein Engel des Herrn. Die Hirten wurden von mächtiger Furcht ergriffen. Der Engel beruhigte sie und sagte, dass sie sich nicht fürchten müssten, da er eine große Freude, die für alle Menschen bestimmt sei, zu bringen habe.

Dann verkündete der Engel, dass der Heilsbringer in der Stadt Davids geboren sei, und dass sie das neugeborene Kind in Windeln gewickelt in einer Krippe liegend finden werden.

Plötzlich waren bei dem Engel die himmlischen Heerscharen, die Gott mit erhabenen Worten priesen.

Als die Engelerscheinungen vorüber waren, beschlossen die Hirten, sich sofort auf den Weg nach Bethlehem zu machen, um Zeugen von diesem Ereignis zu werden.

Als sie dort ankamen, fanden sie Maria und Joseph sowie das Kind, das in einer Krippe lag. Sie berichteten von den Worten, die der Engel zu ihnen gesprochen hatte, und alle, die es hörten, staunten.

Dann kehrten die Hirten wieder heim. Sie priesen und lobten Gott für alles, was sie gehört und gesehen hatten.

Als der Knabe acht Tage alt war, musste er nach jüdischem Brauch beschnitten werden. In diesem Zuge wurde ihm der Name *Jesus* gegeben, wie es der Engel Gabriel der Maria aufgetragen hatte.

Als vierzig Tage nach der Geburt Jesu die Tage der Reinigung erfüllt waren, musste Jesus als erstgeborener Sohn Marias im Tempel symbolisch dem Herrn übergeben bzw. »dargebracht« werden, wo er durch ein Geldopfer ausgelöst werden konnte.

Als Maria und Joseph den Jesusknaben gerade in den Tempel hineintrugen, um ihn darzubringen, trat ein alter Mann namens *Simeon* heran. Dieser fromme und gerechte Mann hatte die Weissagung empfangen, dass er nicht eher sterben werde, bis er den Gesalbten des Herrn erblickt habe.

Als dieser das Kind sah, war er ganz entzückt, nahm es auf seine Arme und pries Gott. Dann segnete er Jesu Eltern, die über das, was er sagte, sehr verwundert waren.

Nachdem die Eltern alles nach dem jüdischen Gesetz vollbracht hatten, kehrten sie nach Nazareth zurück.

1.1.2   2. Schilderung

In der Stadt Bethlehem in Judäa lebte in der Zeit des Königs *Herodes* ein Mann namens *Joseph* aus dem Hause *Davids*. Joseph war verlobt mit einer Frau, die den Namen *Maria* trug.

Noch ehe die beiden zusammenzogen, wurde Maria schwanger. Joseph, der ein gerechter Mann war, wollte Marias Geheimnis nicht dem Gerede der Menschen preisgeben. So beschloss er, sie in Stille zu verlassen.

Da erschien ihm im Traum ein Engel des Herrn und trug ihm auf, Maria als seine Frau zu sich zu nehmen, da sie ein Kind erwarte, das unter dem Walten des Heiligen Geistes empfangen worden sei. Dem Sohn, den sie gebären werde, solle er den Namen Jesus geben.

Nachdem Joseph aus dem Traum erwachte, befolgte er das Geheiß des Engels. Er nahm seine Frau zu sich in sein Haus. Als Maria dann einen Sohn gebar, gab er ihm den Namen Jesus.

Nachdem Jesus geboren war, kamen Priesterweise bzw. Sternenkundige aus dem Morgenland nach Jerusalem. Sie suchten nach dem, der als König der Juden geboren war, um ihm zu huldigen. Sie hatten seinen Stern aufgehen sehen, der sie bis hierher geführt hatte.
Als Herodes davon Kunde erhielt, erschrak er und mit ihm ganz Jerusalem. Er ließ alle Hohenpriester und Schriftgelehrten zusammenkommen, um von ihnen einen Hinweis darauf zu erhalten, wo der Messias geboren wurde. Sie sagten ihm, dass der Messias gemäß dem Wort des Propheten in Bethlehem in Judäa zur Welt kommen werde.

Dann berief Herodes heimlich die Priesterweisen herbei und ließ sich von ihnen genau die Zeit angeben, wann der Stern erschienen war. Anschließend sandte er sie nach Bethlehem und gab ihnen den Auftrag, gründlich nach dem Kind zu forschen und ihm unter dem Vorwand, dem Kindlein auch huldigen zu wollen, anschließend Bericht zu erstatten.

Daraufhin machten sich die Weisen auf den Weg. Der Stern, den sie im Aufgehen gesehen hatten, zog vor ihnen her, bis er an dem Orte stehenblieb, wo das Kind war.
Es ergriff sie übermächtige Freude. Sie traten in das Haus ein und sahen das Kind mit seiner Mutter. Sie fielen vor ihm nieder und huldigten ihm. Dann öffneten sie ihre Schatzkästen und schenkten dem Kindlein ihre Gaben: Gold, Weihrauch und Myrrhe.

Im Traum empfingen die Weisen die Aufforderung, nicht zu Herodes zurückzukehren. So zogen sie auf einem anderen Weg zurück in ihr Land.

Als sie weggezogen waren, erschien Joseph im Traum wieder der Engel des Herrn und wies ihn an, mit dem Kind und seiner Mutter nach Ägypten zu fliehen, weil Herodes nach dem Kind suchen lasse, um es zu töten.

Joseph stand auf und nahm noch in der gleichen Nacht das Kind und seine Mutter und machte sich mit ihnen auf den Weg nach Ägypten.

Als Herodes gewahr wurde, dass die Priesterweisen ihn getäuscht hatten, geriet er in großen Zorn. Er sandte seine Leute aus und befahl ihnen, alle Knaben im Alter von bis zu zwei Jahren in Bethlehem und der ganzen Umgebung zu töten. Dadurch – so glaubte er – würde auch der neugeborene König der Juden, der ihm seinen Thron streitig machen könnte, getötet werden.

Nachdem Herodes gestorben war, erschien Joseph in Ägypten erneut der Engel des Herrn im Traum und gab ihm die Anweisung, mit dem Kind und der Mutter wieder in das Land Israel zurückzukehren.

Da stand Joseph auf, nahm das Kind und seine Mutter und kehrte in das Land Israel zurück.

1.1.3   Ein Vergleich der beiden Schilderungen

Für einen Leser, der in einem christlichen Umfeld aufgewachsen ist, dürften diese beiden Erzählungen gewiss nicht neu sein. Er wird das, was das Neue Testament über die Geburt und die frühe Kindheit Jesu schildert, schon im Religionsunterricht, in der Kirche oder auch im Familienkreis häufig gehört haben.

Dennoch könnte er – insbesondere dann, wenn er die Evangelien noch nie sehr gründlich und aufmerksam gelesen haben sollte – ein wenig verwundert sein. Er wird vielleicht glauben, dass die ihm vertraute Kindheitsgeschichte Jesu, die man oftmals auch als »Weihnachtsgeschichte« bezeichnet, hier auseinandergerissen und in zwei recht verschieden klingende Geschichten verpackt wurde. Schließlich kennen wir alle das Szenario, das in den vielen Krippen, die in Kirchen, öffentlichen Einrichtungen und auch in etlichen Wohnstuben zur Weihnachtszeit aufgestellt werden, dargestellt wird.

In diesem findet man bekanntlich *sowohl* die Hirten *als auch* die Weisen aus dem Morgenland, die üblicherweise als die »Heiligen Drei Könige« bezeichnet werden.

Von den Königen ist aber in der ersten Schilderung und von den Hirten in der zweiten nicht die Rede.

Also könnte ein solcher Leser vermuten, dass die biblische Erzählung über die Geburt und die frühe Kindheit Jesu hier zersplittert worden ist.

Das ist aber keineswegs der Fall! Richtig ist das Gegenteil: Die uns vertraute Erzählung der Geburt und Kindheit Jesu stellt vielmehr eine Vermischung zweier verschiedener Berichte dar. Auf künstliche Art werden in der üblichen Weihnachtsgeschichte zwei völlig verschiedene Schilderungen zu einer *Legende* verwoben.

Die erste Schilderung, die hier gegeben wurde, orientiert sich sehr, sehr eng – zum Teil sogar fast wörtlich – an dem, was der Evangelist *Lukas*[1] erzählt. Die zweite lehnt sich sehr eng an den Bericht an, den *Matthäus*[2] gibt. Lukas und Matthäus sind im Übrigen die einzigen Evangelisten, die über die Geburt und frühe Kindheit Jesu schildern. Sie werden in der kompletten Heiligen Schrift nichts Wesentliches über die Kindheit Jesu finden, was über das hier Dargestellte hinausginge. Es gibt nur eine Ausnahme, auf die wir an späterer Stelle (☞ Kapitel 4, S. 75ff.) noch ausführlich eingehen werden. Gemeint ist damit die Erzählung von dem zwölfjährigen Jesus im Tempel, die wir im Lukas-Evangelium finden.

Am Rande sei noch erwähnt, dass sich interessanterweise weder bei Lukas noch bei Matthäus ein Hinweis darauf finden lässt, dass ein Ochse und ein Esel an der Krippe standen, wie wir das aus vielen Erzählungen und Darstellungen kennen. Diese Information findet man nur im *»Pseudo-Matthäus-Evangelium«*, das zu den Apokryphen, also denjenigen Schriften gehört, die nicht in den Kanon der Bibel aufgenommen wurden. Hier heißt es:

»Am dritten Tage nach der Geburt des Herrn verließ Maria die Höhle und ging in einen Stall. Sie legte den Knaben in eine Krippe, und ein Ochse und ein Esel beteten ihn an. Da ging in Erfüllung, was durch den Propheten Habakuk gesagt ist: ›Zwischen zwei Tieren wirst du erkannt‹.«

1.2 Widersprüche in den Erzählungen über die Geburt und Kindheit Jesu

Wenn man die beiden Kindheitserzählungen bei Lukas und Matthäus aufmerksam und unbefangen liest, kommt man nicht umhin zuzugeben, dass diese nicht nur höchst unterschiedlich, sondern sogar sehr *widersprüchlich* sind.

Wir wollen zunächst diese ganz offensichtlichen Widersprüche betrachten.

1.2.1 Die Abstammung Jesu

Der *erste* und deutlichste Widerspruch, der im Grunde gar nicht zu überlesen ist, betrifft die Abstammung bzw. die Vorfahren Jesu. Wie Sie im Neuen Testament nachlesen können, geben sowohl Lukas[3] als auch Matthäus[4] die *Abstammung* Jesu sehr ausführlich an. Solche Geschlechtsregister wurden im jüdischen Kulturkreis stets ganz gewissenhaft geführt, so dass man *gröbere* Fehler oder Irrtümer ausschließen kann. Es werden in den beiden Evangelien die männlichen

Vorfahren – bis hin zu Jesu Vater *Joseph* – aufgelistet. In der heutigen Genealogie würde man bei dieser Auflistung von der »Stammlinie« sprechen. Lukas beginnt bei *Adam* (76 Generationen), Matthäus beginnt ›erst‹ bei *Abraham*, dem Stammvater der Juden (42 Generationen). Von Abraham bis zu König *David* (14 Generationen) sind beide Generationenfolgen identisch. Gemäß beiden Evangelisten stammt Jesus also aus dem Königshause David ab. Bis dahin kann man somit noch nicht von einer widersprüchlichen Darstellung sprechen.

Nun kommt aber der entscheidende Unterschied!

Gemäß Lukas gehört Jesus der *nathanischen Linie* an. Er ist also ein Nachfahre von Davids Sohn *Nathan*. Laut der Darstellung, die man bei Matthäus findet, entstammt er der *salomonischen Linie* und ist somit ein Nachfahre von Davids Sohn *Salomon*, einem Bruder Nathans. Ab David treten in den beiden Linien lediglich drei gleiche Namen auf: *Salathiel* und *Zorobabel* sowie *Joseph* als Vater. Ob mit diesen Namen *dieselben* Persönlichkeiten gemeint sind, wollen wir zunächst noch offenlassen.

Natürlich sind diese Unstimmigkeiten in den Abstammungslinien auch schon den Kirchenvätern des frühen Christentums aufgefallen. Da das Problem nicht lösbar zu sein schien, entschloss man sich dazu, der Auflistung der Vorfahren eine bloß symbolische Bedeutung beizumessen. Über diese Sichtweise sind die Theologen und Kirchenlehrer bis zum heutigen Tag nicht hinausgekommen. So schrieb auch der ehemalige Papst *Benedikt XVI.* (1927 bis 2022) in seinem 2012 erschienenen Buch *»Jesus von Nazareth«*:

»Wie soll man das erklären? Abgesehen von Elementen, die dem Alten Testament entnommen sind, haben beide Autoren mit Überlieferungen gearbeitet, deren Quellen wir nicht rekonstruieren können. Es scheint mir schlicht überflüssig, Hypothesen darüber aufzustellen. Beiden Evangelisten kommt es nicht auf die einzelnen Namen an, sondern auf die symbolische Struktur, in der sich der Ort Jesu in der Geschichte darstellt.«[5]

Wenn man zu bequem ist, sich um ein wahres Verständnis für die Heilige Schrift zu bemühen, könnte man mit diesem Totschlagargument auch gleich bei *allen* Stellen in der Bibel, die man nicht sofort versteht, sagen, sie hätten nur eine symbolische Bedeutung! So könnte man selbst die Auferstehung und die Himmelfahrt Christi als etwas nur Symbolisches herabwürdigen und entweihen!

Es soll hier darauf verzichtet werden, auf weitere ›geistreiche‹ Erklärungen einzugehen, die andere ›findige‹ Theologen und Exegeten in den letzten Jahrhunderten geliefert haben, um den Widerspruch in den beiden Abstammungslinien *vermeintlich* aufzulösen.

Es mag für viele etwas erstaunlich sein, dass die Aufzählung der Vorfahren Jesu mit »Joseph«, der ja nach allgemeiner Anschauung nicht sein leiblicher Vater ist, endet. Insbesondere im konfessionellen Christentum geht man davon aus, dass Jesus von Maria, seiner Mutter, jungfräulich, also ohne einen menschlichen Zeugungsakt empfangen worden sei und dass der Joseph somit sein Zieh- oder Stiefvater gewesen wäre.

Wäre Joseph *nicht* der *leibliche* Vater Jesu, so würden die angegebenen Ahnenreihen, die ja eine Aussage über die Vererbungsströme und Blutslinien treffen sollen, überhaupt keinen Sinn ergeben.

1.2.2 Die Geburtsstätte Jesu

Der *zweite* Widerspruch bezieht sich auf die Geburtsstätte Jesu. Beide Evangelisten berichten *übereinstimmend*, dass Jesus in Bethlehem geboren wurde.

Allerdings erzählt Lukas, dass Maria den Knaben in eine *(Futter)-Krippe* legte, weil die Eltern keinen Platz in einer Herberge fanden:

> *»Es geschah aber, als sie dort waren, dass für Maria die Stunde ihrer Niederkunft kam, und sie gebar ihren Sohn, den erstgeborenen, und wickelte ihn in Windeln und bettete ihn in eine* <u>*Krippe*</u>*, denn in der Herberge selbst war für sie kein Raum.«*
>
> (Lukas 2, 6f.)

Es ist anzunehmen, dass diese Krippe sich in einem *Stall*, vielleicht auch in einer Höhle oder Grotte befand. Dem bereits erwähnten *»Pseudo-Matthäus-Evangelium«*, in dem die Geburtsgeschichte Jesu etwas ausgeschmückt wird, ist zu entnehmen, dass Maria mit dem Knaben erst am dritten Tag nach der Geburt die Höhle, in der Jesus wohl geboren wurde, verließ und in einen Stall ging, wo sie den Knaben in eine Krippe legte (☞ S. 15).

Gemäß Matthäus lag das neugeborene Kind jedoch in einem *Haus*, in das die drei Weisen aus dem Morgenland eintraten, um ihm zu huldigen. Dort heißt es:

> *»Als sie den Stern erschauten, erfüllte sie übermächtige Freude. Sie traten in das <u>Haus</u> ein, sahen das Kind mit Maria, seiner Mutter, fielen vor ihm nieder und huldigten ihm.«*
>
> (Matthäus 2, 10f.)

Der Unterschied zwischen einem Stall bzw. einer Höhle und einem Haus war in der damaligen Zeit ein genauso großer wie heute.

1.2.3   Der Wohnort der Eltern Jesu

Der *dritte* Widerspruch betrifft den Wohnort der Eltern Jesu. Lukas berichtet, dass Joseph mit Maria, seiner schwangeren Frau, zur Schätzung bzw. Volkszählung aus der Stadt Nazareth in Galiläa, wo sie wohnten, nach Bethlehem in die Stadt Davids in Judäa gezogen war. Joseph musste sich *dort* registrieren lassen, weil er aus dem Hause und der Sippe Davids abstammte:

> *»So zog auch Joseph von Galiläa aus der Stadt Nazareth hinauf nach Judäa in die Stadt Davids, die Bethlehem heißt, weil er aus dem Hause und der Sippe Davids war, um sich eintragen zu lassen zusammen mit Maria, seiner Frau, die schwanger war.«*
>
> (Lukas 2, 4f.)

Bethlehem war also Josephs Vaterstadt. Wie bereits erwähnt fanden sie dort keine Unterkunft, so dass sie mit einem Stall oder vielleicht auch einer Höhle oder Grotte vorlieb nehmen mussten, in dem Jesus dann geboren wurde.

Bei Matthäus ist keine Rede davon, dass die Familie erst aus Nazareth oder einem anderen Ort nach Bethlehem angereist ist. Sie war in Bethlehem daheim, vermutlich in dem Haus, in dem Jesus zur Welt kam.

1.2.4 Die Anweisung, dem Knaben den Namen »Jesus« zu geben

Ein *vierter* Widerspruch bezieht sich darauf, wer von wem bzw. auf welche Art die Anweisung bekam, dem Knaben den Namen »Jesus«, den man üblicherweise mit »Gott hilf« übersetzt, zu geben. Gemäß Rudolf Steiner bedeutet der Name eigentlich »geistiger Heiler« oder »geistiger Arzt«. Lukas schreibt, dass es der Erzengel *Gabriel* war, der Maria anwies, ihrem Knaben diesen Namen zu geben:

> *»Fürchte dich nicht, <u>Maria</u>! Du hast Gnade bei Gott gefunden. Siehe, du wirst schwanger werden und einen Sohn gebären; den sollst du <u>Jesus</u> nennen.«*
>
> (Lukas 1, 30f.)

Matthäus hingegen schildert, dass ein Engel des Herrn dem Joseph im Traum diese Anweisung gab:

> *»<u>Joseph</u>, Sohn Davids, scheue dich nicht, Maria, deine Frau, zu dir zu nehmen; denn das Kind, das sie erwartet, ist unter dem Walten des Heiligen Geistes empfangen. Sie wird einen Sohn gebären, und du sollst ihm den Namen <u>Jesus</u> geben.«*
>
> (Matthäus 1, 20f.)

✳ ✳ ✳ ✳ ✳ ✳ ✳ ✳ ✳ ✳ ✳ ✳ ✳ ✳ ✳ ✳ ✳ ✳ ✳

In der folgenden Übersicht haben wir diese vier Widersprüche noch einmal dargestellt:

	gemäß **Lukas**	gemäß **Matthäus**
Abstammung Josephs	von Davids Sohn Nathan	von Davids Sohn Salomon
Geburtsstätte Jesu	in einem Stall oder einer Höhle in Bethlehem	im elterlichen Haus in Bethlehem
Wohnort der Eltern	Nazareth	Bethlehem
Auftrag, den Knaben Jesus zu nennen	durch den Erzengel Gabriel an Maria (bei der Verkündigung)	durch einen Engel des Herrn an Joseph (im Traum)

1.3 Ungereimtheiten in den Erzählungen über die Kindheit Jesu, die Fragen aufwerfen

E s gibt noch einige weitere Passagen in den beiden Kindheitsschilderungen, die man zwar nicht unbedingt als Widersprüche, immerhin aber als große *Ungereimtheiten* betrachten muss, die viele Fragen aufwerfen. Einige *höchst besondere* Ereignisse werden nämlich nur von jeweils einem der beiden Evangelisten erwähnt, während der andere nichts darüber schreibt. Da es sich bei diesen Ereignissen um sehr wichtige und bedeutende handelt, muss man schon fragen, warum nur einer der beiden Schreiber es für notwendig hielt, davon zu berichten.

1.3.1 Geschehnisse, über die nur Lukas schreibt

Werfen wir zunächst einen Blick auf ein paar Geschehnisse, von denen nur Lukas berichtet.

Von einem besonders grandiosen Ereignis schildert Lukas gleich im 1. Kapitel.

Zunächst erzählt er zu Beginn seines Evangeliums, dass der Erzengel Gabriel dem *Zacharias* erschien und ihm weissagte, dass seine bereits hochbetagte Frau *Elisabeth* einen Sohn gebären werde, den sie *Johannes* nennen sollen. Dieser war kein anderer als *Johannes der Täufer*.

Als Elisabeth im sechsten Monat schwanger war, so schildert Lukas weiter, erschien derselbe Erzengel der Maria, der späteren Mutter Jesu, und verkündete ihr, dass sie schwanger werde und einen Sohn zur Welt bringen werde, den sie Jesus nennen solle.

> *»Im sechsten Monat ihrer Schwangerschaft wurde der Engel Gabriel von Gott gesandt in eine Stadt Galiläas mit Namen Nazareth zu einer Jungfrau, die verlobt war mit einem Manne namens Joseph aus dem Hause Davids; und die Jungfrau hieß Maria.*
>
> *Und der Engel kam zu ihr herein und sprach: Sei gegrüßt, du Begnadete! Der Herr ist mit dir!*
>
> *Sie war bestürzt über das Wort und fragte sich, was der Gruß zu bedeuten habe.*
>
> *Da sprach der Engel zu ihr: Fürchte dich nicht, Maria! Du hast Gnade bei Gott gefunden. Siehe, du wirst schwanger werden und einen Sohn gebären; den sollst du Jesus nennen. Dieser wird groß sein und Sohn des Höchsten genannt werden, und Gott der Herr wird ihm den Thron seines Vaters David geben, und er wird König sein über Jakobs Haus für alle Zeiten, und seines Reiches wird kein Ende sein.«*

(Lukas 1, 26ff.)

Einer Legende nach soll sich Maria just in dem Augenblick, als ihr der Erzengel erschien, in die Heilige Schrift (heutiges Altes Testament) vertieft haben und dabei gerade die Stelle bewegt haben, in der der Prophet *Jesaja* diese Verkündigungsszene, die dann Wirklichkeit wurde, vorhersagte:

> *»Darum so wird euch der Herr selbst ein Zeichen geben: Siehe, eine Jungfrau ist schwanger und wird einen Sohn gebären, den wird sie heißen Immanuel.«*

(Jesaja 7, 14)

Der Name Immanuel (»Gott sei mit uns«) hat übrigens etwa die gleiche Bedeutung wie der Name Jesus (»Gott hilf«).

Wenn es heißt »der Engel kam zu ihr herein«, so darf man sich das natürlich nicht so vorstellen, dass er durch die Tür gekommen wäre. Ein Geistwesen ist weder an Raumesverhältnisse noch an Materie gebunden. Vielmehr fand er in Marias Bewusstsein Eingang. Dieses war wohl dadurch, dass sie sich gerade der Legende nach in die Heilige Schrift vertiefte, besonders offen für diese Wahrnehmung.

Einen Engel kann man weder mit physischen Augen sehen noch mit physischen Ohren hören. Wenn ein Mensch ein geistiges Wesen ›sieht‹, so spricht man von einer »imaginativen Wahrnehmung«, wenn er ›hört‹, was dieses mitzuteilen hat, spricht man von einer »inspirativen Wahrnehmung«. Solche Wahrnehmungsarten kann nur ein hellsichtiger Mensch haben. Während es heute nur verschwindend wenige Menschen gibt, die diese Fähigkeiten besitzen, war die Hellsichtigkeit vor vielen Jahrtausenden noch eine ganz natürliche Gabe, über die alle Menschen verfügten. Selbst um die Zeit, von der hier die Rede ist, hatten zahlreiche Menschen zumindest noch so etwas wie ein traumartiges Hellsehen, was zumindest – oftmals nur temporär – leicht erweckt werden konnte.

Wenn ein Durchschnittsmensch eine solche Engelerscheinung hätte, so wäre er vermutlich höchst irritiert und verängstigt. Maria war lediglich über den speziellen Gruß bestürzt, hatte aber noch die Geistesgegenwart und Seelenruhe, darüber nachzudenken, was dieser wohl zu bedeuten habe.

Des Weiteren erzählt nur Lukas die Geschichte von den Hirten, die dem Jesuskind an der Krippe huldigten. Ein Engel des Herrn erschien den Hirten, die auf dem Felde Nachtwache für ihre Herden hielten, und verkündete, dass der Heiland in der Stadt Davids geboren sei. Dann war plötzlich bei dem Engel die Menge der »himmlischen Heerscharen«, die Gott mit den Worten priesen:

> »Geoffenbaret sei Gott in den Höhen und auf Erden Friede unter den Menschen, die eines guten Willens sind.«
>
> (Lukas 2, 14)

Daraufhin eilten die Hirten nach Bethlehem und fanden das neugeborene Kind in der Krippe liegend.

Schließlich gibt es eine weitere wichtige Begebenheit im Leben des Jesuskindes, von der nur Lukas berichtet. Es geht um die sogenannte »Darbringung« Jesu im Tempel. Als ein alter Mann namens Simeon den Knaben sah, war er ganz verzückt, nahm ihn auf den Arm und pries ihn mit erhabenen Worten.

1.3.2 Geschehnisse, über die nur Matthäus schreibt

Schauen wir nun auf einige wichtige Geschehnisse, von denen uns hingegen nur Matthäus Kunde gibt.

So findet sich nur bei ihm die Erzählung von den drei Weisen oder Sternendeutern aus dem Morgenland, die volkstümlich als die »Heiligen Drei Könige« bezeichnet werden. Sie hatten in ihrer Heimat den Stern aufgehen sehen, der ihnen die Geburt ihres Meisters deutete. Sie kamen zunächst nach Jerusalem. Die Begegnung mit König Herodes kann hier vernachlässigt werden. Schließlich zog der Stern vor ihnen her, bis er an dem Ort stehenblieb, wo das Kindlein war. Sie traten in das Haus ein, sahen das Kind, fielen nieder, huldigten ihm und brachten ihm als Geschenke Gold, Weihrauch und Myrrhe dar.[6]

Dann schildert Matthäus von der Flucht nach Ägypten. Ein Engel des Herrn erschien dem Joseph im Traum und forderte ihn auf, mit dem Kindlein und der Mutter nach Ägypten zu fliehen, da Herodes angeordnet hatte, das Kind suchen und töten zu lassen.[7] Nachdem Herodes gestorben war, erschien dem Joseph in Ägypten erneut der Engel des Herrn im Traum und sprach:

> *»Steh auf, nimm das Kind und seine Mutter und ziehe in das Land Israel; denn gestorben sind die, welche dem Kind nach dem Leben trachteten.«*
>
> (Matthäus 2, 20)

Da stand Joseph auf, nahm das Kind und seine Mutter und kehrte in das Land Israel zurück. Doch als er hörte, dass mittlerweile *Archelaos*, ein Sohn des verstorbenen Herodes, König über Judäa war,

hatte er Bedenken, wieder in seinen Heimatort Bethlehem zurückzukehren. Ein weiteres Mal empfing er im Traum eine Weisung und
zog so in das Gebiet von Galiläa und ließ sich in der Stadt Nazareth
nieder.

Auf alle hier nur kurz angerissenen Geschehnisse werden wir in
Kapitel 3 noch ausführlich zu sprechen kommen.

✳✳✳✳✳✳✳✳✳✳✳✳✳✳✳✳✳✳✳✳✳✳

Wenn man ausschließlich dasjenige, was *beide* Evangelisten *übereinstimmend* schreiben, berücksichtigt, so würde sich die gesamte
Geschichte der Geburt und der Kindheit Jesu auf zwei Sätze reduzie-
ren:

> In der Zeit, als Herodes König über Judäa war, wurde in
> Bethlehem ein Knabe, dem man den Namen Jesus gab,
> geboren. Seine Eltern hießen Joseph, der ein Nachkomme
> von König David war, und Maria.

Wie könnte man eine plausible Erklärung dafür finden, dass einer
der Evangelisten von den bedeutsamen Geschehnissen, von denen
nur der jeweils andere schreibt, nichts gewusst oder diese nicht für
erwähnenswert gehalten haben könnte?

Nun gibt es seit Jahrhunderten Theologen und Exegeten, die viel
Zeit und große Mühen investiert haben, um diese Widersprüche und
Ungereimtheiten in den beiden Kindheitsschilderungen *vermeintlich*
aufzulösen. Das weitaus meiste, was sie dazu beitragen konnten, ist
aber keineswegs stimmig oder gar zielführend und somit keiner Erwähnung wert.

Viele Menschen tendieren zu der Auffassung, dass man die Bibel
nicht so ernst oder gar wörtlich nehmen dürfe, dass es sich zum Teil
sogar nur um nette Geschichten handele, die mit Weltentatsachen
wenig bis gar nichts zu tun hätten. Die gesamte Bibel – insbesondere
das Neue Testament – ist allerdings alles andere als ein Geschichts-

oder Legendenbuch, das den Menschen zur Erbauung dienen soll. Es ist vielmehr ein Wahr- und Weisheitsbuch. Wenn man einmal von etwas unglücklichen oder gar falschen Übersetzungen absieht, so muss man sagen, dass die Bibel nicht nur wörtlich genommen werden kann, sondern sogar muss! Wenn uns irgendwelche Stellen in der Heiligen Schrift merkwürdig oder gar widersprüchlich erscheinen, so liegt das einzig und allein daran, dass wir sie noch nicht richtig zu verstehen in der Lage sind, was allerdings in vielen Fällen auch nicht gerade einfach ist.

Die heute übliche Vermischung der zwei verschiedenen Geburtsgeschichten zu einer ist nichts anderes als eine Fabel oder Legende.

1.4 Woher wussten Lukas und Matthäus eigentlich von den Ereignissen, über die sie berichten?

A n dieser Stelle können wir uns vielleicht einmal die Frage vorlegen, woher die beiden Evangelisten eigentlich wissen konnten, was sich in jenen Tagen, über die sie berichten, ereignete.

Dass Lukas und Matthäus nicht Zeuge bei einigen dieser Geschehnisse waren, liegt auf der Hand. Wenngleich man nicht so genau weiß, wann die beiden Evangelisten geboren wurden, so gilt als ziemlich sicher, dass sie in der fraglichen Zeit vermutlich noch im Kindesalter waren. Somit gehen viele davon aus, dass ihnen die Ereignisse später von anderen Menschen, die dabei waren, erzählt worden seien. Diese Erinnerungen – so glaubt man – hätten sie dann Jahre später getreulich aus dem Gedächtnis nach bestem Wissen und Gewissen aufgeschrieben. Wenn das wirklich den Tatsachen entspräche, so könnte man mit einigem guten Willen die Widersprüche in ihren Schilderungen noch als ›erwartbare Ungenauigkeiten‹ akzeptieren.

Diese These ist allerdings nicht haltbar! Dass Lukas von dem Besuch der Hirten an der Krippe erfahren hat – sei es von den Hirten selbst oder von einem, dem die Hirten es erzählt haben –, kann man sich ja noch ganz gut vorstellen. Das Gleiche *könnte* man etwa auch von dem Besuch der Weisen, über den Matthäus schreibt, sagen.

Aber das gilt für einige der Geschehnisse, von denen die Evangelisten schildern, gewiss nicht! Nehmen wir etwa das großartige Ereignis, dass der Erzengel Gabriel der Maria erschien und ihr mit zu Herzen gehenden Worten verkündete, dass sie einen Knaben gebären werde, den man den »Sohn des Höchsten« nennen werde. Dass kein anderer Mensch bei dieser Erscheinung anwesend war und es somit aus erster Hand bezeugen könnte, ist naheliegend. Selbst wenn jemand zugegen gewesen wäre, so hätte er mit größtmöglicher Wahrscheinlichkeit den Engel weder sehen noch hören können. Also *scheint* es für die Verfechter obiger These nur noch eine Erklärung zu geben: Maria muss anschließend – vielleicht auch erst viel später – dieses Erlebnis jemandem anvertraut haben, der es dann Lukas weitererzählt hat. Dass Maria eine solch erhabene und berührende Erscheinung preisgegeben haben könnte, ist wohl auszuschließen. Das, was der Engel ihr prophezeite, hat sie nur in ihrem Herzen bewegt. Selbst wenn sie es weitergegeben hätte und diese Erzählung irgendwann Lukas erreicht hätte, wäre es doch höchst erstaunlich, dass er dann den *genauen Wortlaut* dessen, was der Engel sagte, wissen und aufschreiben konnte.

Auch in den drei Fällen, in denen ein Engel dem Joseph im Traum erschien und ihm Anweisungen gab, die er inspirativ empfangen hatte, waren gewiss keine Zeugen zugegen. Dass Joseph es später jemandem erzählt haben könnte, ist zwar nicht auszuschließen, aber doch sehr unwahrscheinlich. Möglicherweise hat er es Maria anvertraut, aber sie wird es gewiss nicht ausposaunt haben.

Zumindest das meiste, was Lukas und Matthäus in ihren Kindheitsgeschichten schreiben, haben sie weder als Zeugen miterlebt noch von anderen Menschen, die dabei waren, gehört. Auf irgendeinem *äußeren Weg* konnten sie davon nicht Kunde erhalten. Das Gleiche gilt im Übrigen auch für die meisten anderen Begebenheiten, von denen in den vier Evangelien berichtet wird.

Wie konnten die Evangelisten es dennoch wissen und schließlich aufschreiben? Nun, sie waren mit der seherischen Gabe begnadet, die es ihnen ermöglichte, in der sogenannten »*Akasha-Chronik*« zu ›lesen‹.

Was hat man sich unter dieser ›Chronik‹ vorzustellen? »Akasha« ist ein Sanskritwort, das man mit »leuchtend« oder »strahlend« übersetzen kann. Akasha ist eine der subtilsten Substanzen, die dem geistigen Streben eines hellsichtigen Menschen noch zugänglich ist. In diese Substanz ist alles ›eingeschrieben‹, was sich von Anbeginn der Weltentwicklung abgespielt hat.

Nichts von dem, was jemals im Kosmos geschehen ist, geht verloren. Alle Taten, Gedanken, Worte, Gefühle usw. prägen sich in die Akasha-Substanz ein. Hierbei ist nicht nur an die großen Taten und Gedanken der göttlich-geistigen Wesen, sondern auch an alle großen und kleinen Taten und Gedanken eines jeden einzelnen Menschen zu denken. Da man in dieser kosmischen Substanz in gewisser Weise wie in einem Geschichtsbuch lesen kann, spricht man von der »Akasha-*Chronik*«, die man auch als »kosmisches Gedächtnis« oder »Weltengedächtnis« bezeichnen könnte.

Man könnte die Akasha-Chronik anhand eines vielleicht etwas trivialen und platten materiellen Vergleiches verdeutlichen. Stellen Sie sich eine gigantische Festplatte mit einer unbegrenzten Kapazität vor, auf der vertonte Filme über alles, was jemals auf der Erde geschehen ist, gespeichert sind. Nun könnte jeder, der über die entsprechende Technik und das Know-how verfügt, jederzeit einen gewünschten Film abrufen und anschauen.

In dieser ›Chronik‹ zu ›lesen‹ und das auf diese Art Wahrgenommene richtig verstehen und in große Zusammenhänge einordnen zu können, ist heute nur einem hohen Eingeweihten möglich.

Lukas und Matthäus haben – genau wie die anderen Evangelisten – *nicht* aus ihrer normalen Erinnerung geschöpft, als sie ihre Evangelien aufgeschrieben haben. Sie waren mit hellseherischen Fähigkeiten begabt, die es ihnen ermöglichten, die Geschehnisse von Palästina im Geistigen zu ›sehen‹ und zu ›hören‹. Das, was sie auf diese Art – insbesondere in der Akasha-Chronik – wahrnehmen konnten, schrieben sie getreulich auf. Es entstanden die *Urtexte* der Evangelien.

Man könnte auch niemals ein Verständnis dafür finden, dass *Moses* in der Schöpfungsgeschichte so ausführlich darüber schildert, was sich vor Urzeiten zugetragen hatte, wenn man nicht die Akasha-Chronik berücksichtigen würde.

1.5 Die Auflösung der *scheinbaren* Widersprüche in den beiden Kindheitsschilderungen

Wie können wir uns einen Reim auf die beiden höchst unterschiedlichen Kindheitserzählungen machen? Wie können wir damit zurechtkommen? Haben Lukas und Matthäus etwa nicht ›richtig‹ in der Akasha-Chronik gelesen?

Nun, oftmals erscheint etwas, was eigentlich ganz naheliegend ist, besonders weit entfernt zu sein. Wenn die beiden Kindheitsschilderungen widersprüchlich sind, so liegt doch die Erklärung auf der Hand: Man kann beim besten Willen *nicht* davon ausgehen, dass beide Evangelisten von *demselben* Jesus schildern! Es müssen *zwei verschiedene* Knaben gewesen sein! Lukas berichtet über den einen, Matthäus über den anderen Jesus.

»So finden wir bei Matthäus den einen Teil der Wahrheit, bei Lukas den anderen Teil der Wahrheit. Wörtlich müssen wir beide nehmen, denn die Wahrheit der Welt ist kompliziert.«[8]

Es gibt übrigens einige alte Dokumente, zum Beispiel die *»Gemeinderegel von Qumran«*, in denen explizit davon die Rede ist, dass *zwei* Messiasse erwartet wurden. Auch im Alten Testament findet sich ein zarter Anklang darauf, dass von dem Erscheinen zweier »Gesalbter«, also zweier Messiasse ausgegangen wurde. Dort ist von einem aus einer goldenen Schale und sieben Öllampen bestehenden Leuchter die Rede. Dieser wird von zwei Ölbäumen überragt, die an der linken und rechten Seite der Schale stehen. Ein Engel antwortete *Sacharja* auf dessen Frage, was die beiden Ölbäume zu bedeuten haben, dass es sich dabei um die beiden Gesalbten handele:

> *»Ich fragte ihn weiter: Was bedeuten die zwei Ölbäume auf der rechten und auf der linken Seite des Leuchters? Und weiter fragte ich ihn: Was bedeuten die beiden fruchttragenden Zweige der Ölbäume bei den beiden goldenen Röhren, die das goldene Öl von ihnen herab ausgießen? Er sagte zu mir: Weißt du nicht, was sie bedeuten? Ich erwiderte: Nein, mein Herr. Er sagte: Das sind die **beiden Gesalbten**, die vor dem Herrn der ganzen Erde stehen.«*

(Sacharja 4, 11ff.)

Ein »Gesalbter« zu sein, bedeutet im Übrigen, mit der Kraft des Christus durchdrungen und durchtränkt zu sein.

Bemerkenswert ist noch die Tatsache, dass es viele Gemälde aus früheren Zeiten gibt, auf denen neben der Mutter Jesu *zwei* Knaben dargestellt sind. Das wird dann meistens so gedeutet, dass der zweite Knabe Johannes der Täufer sei, was möglicherweise in *einigen* Fällen auch so vom Maler gemeint sein mag (☞ Anhang, S. 120f.).

Wenn man mit der Existenz der *zwei* Jesusknaben einen Sinn verbinden oder wenn man gar dieses große Mysterium aufhellen möchte, kommt man mit äußeren Dokumenten – wie auch die Heilige Schrift eines ist – nicht weiter. Erst durch die geistige Forschung Rudolf Steiners können wir ein Verständnis dafür gewinnen, warum es *notwendigerweise* zweier Jesuskinder bedurfte. Rudolf Steiner hatte genau wie die Evangelisten die Gabe, in der Akasha-Chronik zu lesen und somit die Ereignisse zu rekonstruieren.

Die Tatsache, dass es nicht nur *einen* Jesus gab, mag für viele überraschend, möglicherweise sogar anstößig und schockierend sein, aber es ist eine Wahrheit, und die Wahrheit fragt nicht danach, was den Menschen sympathisch ist.

Man kann vielleicht noch die Frage aufwerfen, *warum* in den Evangelien nicht ganz unmissverständlich von *zwei verschiedenen* Jesusknaben berichtet wird, so dass es keinen Zweifel an dieser Tatsache geben könnte.

Zunächst einmal muss man wissen, dass es viele göttlich-geistige Wahrheiten gibt, für die die Menschheit eines bestimmten Zeitalters noch nicht reif ist, die sie überfordern würden, die für sie sogar schädlich sein könnten. Das Wissen von den zwei Jesus-Persönlichkeiten hätte die Mehrheit der Menschen *vor dem 20. Jahrhundert* noch nicht fassen und nicht ertragen können. Das Gleiche gilt auch für viele andere geistige Tatsachen, etwa für die Reinkarnation, das Gesetz der wiederholten Erdenleben, und das damit eng verbundene Karmagesetz. Hätten die Menschen früherer Jahrhunderte von der Reinkarnation gewusst, so hätte die große Gefahr bestanden, dass sie ihr aktuelles Erdenleben nicht so wichtig genommen hätten. Viele hätten sich gesagt, was soll ich mich jetzt bemühen, ein anständiger

Mensch zu werden, da ich doch noch in vielen weiteren Inkarnationen dazu die Zeit habe.

Somit ist zu vermuten, dass die göttlichen Weltenlenker dafür gesorgt haben, dass die beiden Kindheitsschilderungen derart abgefasst wurden, dass man sie zunächst so auffassen kann, als ginge es jeweils um *ein und dasselbe* Kind. Wie die letzten zwei Jahrtausende gezeigt haben, ist das auch ganz gut gelungen. Man musste nur über einige Widersprüche und Ungereimtheiten hinwegsehen, sofern man diese überhaupt erkannt haben sollte. Diese Interpretation wäre nicht möglich gewesen, wenn die beiden Knaben einen unterschiedlichen Namen getragen hätten. Diesen Namen, also Jesus, zu wählen, wurde Maria bzw. Joseph aber aus der geistigen Welt auferlegt, was ja bei beiden Jesusknaben auch in den Evangelien verbürgt ist. Die Namen der Eltern, Maria und Joseph, waren in der damaligen Zeit sehr weit verbreitet.

Auf der anderen Seite sind es aber gerade diese unterschiedlichen, widersprüchlich erscheinenden Schilderungen, die den Menschen, sobald es an der Zeit ist, ermöglichen, diese Widersprüche als *vermeintliche* oder *scheinbare* aufzudecken, Widersprüche, die gar keine sind, weil eben von zwei verschiedenen Jesusknaben die Rede ist. Darauf kann heute jeder Mensch selbst kommen. Die ganzen tiefen Hintergründe kann natürlich nur ein großer Eingeweihter wie etwa Rudolf Steiner erkennen und vermitteln. *Heute* ist die Menschheit reif genug, um dieses Mysterium zu durchschauen und die geisteswissenschaftlichen Erkenntnisse aufzunehmen und – zumindest bis zu einem gewissen Grad – auch zu verstehen.

Im Übrigen werden in den nächsten Jahrhunderten und Jahrtausenden von den Menschen, die dann als Eingeweihte und Geisteslehrer verkörpert sein werden, viele weitere geistige Wahrheiten in die Welt gebracht werden, für deren Verständnis wir heute noch nicht reif sind. Die Wahrheit, dass zu Beginn unserer Zeitrechnung zwei Jesusknaben auf der Erde erschienen sind, gehört zu denjenigen, die wir schon in unserem jetzigen Leben aufnehmen und verstehen sollten.

Selbstverständlich waren die beiden Jesus-Persönlichkeiten – wie wir noch sehen werden – alles andere als gewöhnliche, durchschnittliche oder gar schlichte, sondern höchst außergewöhnliche *Men-*

schen, deren Wesensglieder (☞ Kapitel 2, S. 35ff.) auf ganz besondere und höchst komplizierte Art beschaffen waren. Gewöhnliche körperliche Hüllen hätten später niemals das Ich bzw. den Geist des über alle Maßen erhabenen Gotteswesens, des Christus, tragen können; sie wären regelrecht verglüht oder zerborsten.

Die beiden Jesus-Persönlichkeiten sind von jung auf unter der Leitung des Heiligen Geistes zum Christus-Träger herangereift. Auch dem bzw. den Menschen Jesus gebührt unsere allerhöchste Verehrung.

Die Juden bzw. die Israeliten werden als das »auserwählte Volk« bezeichnet. In der Tat war dieses Volk dazu auserwählt, dass aus ihm über viele Generationen hinweg schließlich solche menschlichen Hüllen entstehen konnten, in denen sich die beiden Jesusknaben inkarnieren konnten. Mit diesen beiden Verkörperungen war die Mission des jüdischen Volkes erfüllt.

Welche der beiden Jesus-Wesenheiten schließlich das Christus-Ich aufnahm, werden wir etwas später erörtern. Warum es zu der Erdenmission Christi zweier Jesusknaben, die in Kapitel 3 (☞ S. 51ff.) näher vorgestellt werden sollen, bedurfte und wie unglaublich kompliziert alle notwendigen Verrichtungen waren, werden wir noch sehen.

1.6 Warum scheint es im konfessionellen Christentum nicht bekannt zu sein, dass es zwei Jesusknaben gab?

Die ganz überwiegende Mehrheit unserer Mitmenschen dürfte noch nie davon gehört oder gelesen haben, dass es zu Beginn unserer Zeitrechnung nicht nur einen, sondern zwei Jesusknaben gab.

Das liegt ganz gewiss daran, dass im konfessionellen Christentum davon keine Rede ist. Dass die Kirchen überhaupt so wenig Verlässliches über geistige Wahrheiten lehren können, kommt insbesondere daher, dass sie davon ausgehen, dass die göttlich-geistige Welt sich *ausschließlich* bis vor etwa 2.000 Jahren den Menschen geoffenbart hätte. Somit rechnen sie im Wesentlichen nur mit den Offenbarungen, die Moses, den alten Propheten sowie den Evangelisten zuteilwurden. Nur diese Persönlichkeiten halten sie für autorisiert, göttlich-geistige Wahrheiten zu verbreiten. Die kirchlichen Lehren basieren vorwiegend darauf, wie die Kirchenväter der ersten nachchristlichen Jahrhunderte diese Urtexte übersetzt und ausgelegt haben. Diesen Status haben sie eingefroren. Lediglich wurden einige geringfügige Änderungen oder Ergänzungen durch den einen oder anderen Konzilsbeschluss vorgenommen. Alles, was seitdem durch die sogenannten »Neuoffenbarungen«, wie sie in erster Linie in den letzten Jahrhunderten durch hohe Eingeweihte, allen voran Rudolf Steiner, in die Welt gekommen sind, ignorieren sie und lehnen sie auf das Schärfste ab.

Stellen Sie sich vor, unsere Wissenschaften würden genauso verfahren! Dann würde zum Beispiel ein heutiger Astronom sagen: »Das, was die großen Astronomen bis vor gut 500 Jahren erforscht und veröffentlicht haben, war uneingeschränkt richtig. Die Erde ist eine Scheibe, und die Sonne dreht sich um die Erde. Mehr kann man über diese Dinge nicht wissen. Es gibt seitdem nichts mehr, was noch erforscht werden könnte. Alles, was Astronomen in neuerer Zeit gesagt haben, kann nur falsch sein.«

Jedem Kirchenvertreter käme das absolut paradox vor, obwohl diese prinzipiell ebenso verfahren.

Wenn man bedenkt, dass viele Kirchenvertreter sehr kluge Menschen sind und dass es insbesondere in Kreisen der katholischen Kirche sehr wohl auch Eingeweihte gab und vermutlich immer noch gibt, kann man im Grunde nicht annehmen, dass dort diese Tatsache nicht bekannt wäre. Das bedeutet natürlich nicht, dass *jeder* Kleriker davon wissen müsste.

Somit kann man fragen: Warum geben die Kirchen dieses Geheimnis nicht preis?

Dafür kann es verschiedene Gründe geben. Möglicherweise ist man in kirchlichen Kreisen der Meinung, dass die Menschen immer noch nicht reif seien, von solchen Mysterien zu erfahren. Bis vor gut hundert Jahren wäre diese Ansicht noch durchaus berechtigt gewesen.

Ebenfalls denkbar ist, dass die Kirchen ihre ›Schäfchen‹ *immer noch* auf der Kindheitsstufe halten wollen, wie das in den verflossenen Jahrhunderten der Fall war. Somit sind sie bestrebt, ihre Lehren so einfach wie möglich zu gestalten. Alles, was die Kirchen lehren, sollen die Menschen glauben, ohne es verstehen zu können und zu müssen. Über Kinder lässt sich bekanntlich leichter Macht ausüben als über Erwachsene.

Ein ganz konkreter Grund dafür, dass die überwiegende Mehrheit der Kirchenvertreter das Mysterium der zwei Jesusknaben nicht versteht kann oder will, ist, dass sie die *Präexistenz* der menschlichen Seele und somit die Wahrheit der wiederholten Erdenleben nicht anerkennt. Die katholische Kirche bezeichnet die Reinkarnationslehre sogar als Irrlehre. Man geht davon aus, dass jede einzelne Seele, die sie auch als »Geistseele« bezeichnet, von Gott aus dem ›Nichts‹ geschaffen und mit den durch die Zeugung verschmolzenen elterlichen Zellen verbunden werde. Im *»Katechismus der katholischen Kirche«* heißt es:
»Die Kirche lehrt, dass jede Geistseele unmittelbar von Gott geschaffen ist – sie wird nicht von den Eltern ›hervorgebracht‹ – und dass sie unsterblich ist: Sie geht nicht zugrunde, wenn sie sich im Tod vom Leibe trennt, und sie wird sich bei der Auferstehung von neuem mit dem Leib vereinen.«[9]

Also können die Menschen, wenn sie die Laune zu einem Zeugungsakt haben, der dann zu einer Befruchtung führt, den Herrgott zu ihrem Diener machen, indem er eine Seele erzeugen muss. Man braucht nur ein wenig darüber nachzudenken, um erkennen zu können, wie absurd diese Vorstellung ist, die auch heute noch von den Kirchen vertreten wird! Auf solche Ungereimtheiten angesprochen geben Kirchenvertreter meistens Floskeln wie »Gottes Wege sind unerforschlich!« zur Antwort. Der amerikanische Autor *James Morgan Pryse* (1859 bis 1942) weist auf die Absurdität dieser These mit folgenden Worten hin:
»Das Seltsame dieser Theorie wird sofort offensichtlich, weil sich natürlich darin, dass sterbliche Körper die zeitlichen Wohnungen für unsterbliche Seelen werden, eine lächerliche Widersinnigkeit zeigt insofern, als zugunsten jedes sterblichen Körpers, der zufällig gezeugt wird, eine unsterbliche Seele geschaffen werden muss.«[10]

Heute *müssen* die Menschen wissen, dass die Reinkarnation eine Wahrheit ist. Ohne das Gesetz der Reinkarnation könnten viele Weltentatsachen nicht verstanden werden. Auch das Geheimnis der zwei Jesusknaben könnte ohne dieses Gesetz nicht vollumfänglich begriffen werden. Heute müssen wir wissen, dass wir alle uns viele Male auf dem irdischen Schauplatz verkörpern. Nur durch die Erfahrungen und Lernprozesse, die wir in unseren zahlreichen Erdenleben sammeln, ist es möglich, uns – insbesondere auf dem geistig-seelischen Feld – immer höher zu entwickeln und immer mehr zu vervollkommnen. Zwischen zwei irdischen Inkarnationen verweilt der Mensch für eine lange Zeit, die sich nach Jahrhunderten bemessen kann, in der geistigen Welt, in der er zunächst sein letztes Erdenleben aufarbeitet und dann sein neues vorbereitet.

Kapitel 2

Was ist der Mensch? –
Die Wesensglieder des Menschen

(Exkurs)

W ir müssen nun zunächst ein wenig vom Kernthema dieses Büchleins abschweifen und uns auf einen kleinen Exkurs begeben.

Vieles von dem, was in den folgenden Kapiteln geschildert werden soll, müsste unverständlich bleiben und geradezu nebulös anmuten, wenn man nicht wüsste, was eigentlich ein Mensch *wirklich* ist, was ihn ausmacht, was seine »Wesensglieder« sind.

✳ ✳ ✳ ✳ ✳ ✳ ✳ ✳ ✳ ✳ ✳ ✳ ✳ ✳ ✳ ✳ ✳ ✳ ✳ ✳

In jeder Religion gehört es zu den fundamentalsten Glaubensgrundlagen, dass der Mensch etwas Unsterbliches, etwas Ewiges in sich trägt, das meistens als »Seele« bezeichnet wird. In den ersten nachchristlichen Jahrhunderten galt es als eine Selbstverständlichkeit, dass der Mensch ein *dreigliedriges* Wesen ist, das aus *Körper, Seele* und *Geist* besteht. Auf dem vierten Konzil zu Konstantinopel, das im Jahre 869 stattfand, wurden die Voraussetzungen dafür geschaffen, dass diese Dreigliederung immer mehr aufgeweicht wurde, indem der Geist gewissermaßen abgeschafft wurde.[1] Nach kirchlicher Auffassung besteht der Mensch also lediglich aus Körper und Seele, der sie allerdings einige *geistige* Eigenschaften zugesteht und die sie deshalb manchmal auch als *Geistseele* bezeichnet.

Nachdem der Geist von der Kirche schon vor über 1.000 Jahren abgeschafft wurde, haben die Naturwissenschaftler mittlerweile auch die Seele abgeschafft. Das menschliche Wesen glauben die heutigen Wissenschaftler zur Gänze verstanden zu haben, wenn sie alle Organe und Funktionen des Körpers erforscht haben. Für eine Seele oder gar für einen Geist ist in diesen Lehren kein Platz mehr. Diejenigen geistig-seelischen Tätigkeiten des Menschen wie Denken, Erinnern, Vorstellen und Fühlen, die derzeit noch nicht hinreichend erklärt werden können, glaubt man, früher oder später auf heute noch nicht bekannte physiologische Wirkfaktoren und Funktionen zurückführen zu können. Im Zweifelsfall müssen das Gehirn oder das Nervensystem herhalten, wenn es darum geht, die Urheber und die Auslöser für solche Tätigkeiten zu suchen.

Etwas überspitzt formuliert sehen die Naturwissenschaftler in dem Menschen nichts weiter als einen hochentwickelten Affen, der sich nur um ein paar Gensequenzen vom Menschenaffen unterscheide. Die Existenz eines Menschen beschränkt sich gemäß ihrer Überzeugung nur auf die recht kurze Zeitspanne zwischen Geburt bzw. Empfängnis und Tod.

Viele unserer Mitmenschen, die noch nicht dieser materialistischen Anschauung verfallen sind, zweifeln allerdings an der Reinkarnationsidee, also an der Lehre von den wiederholten Erdenleben, und vielleicht sogar an der nachtodlichen Existenz des Menschen. Sie stellen sich die absolut berechtigten Fragen: Was am oder im Menschen könnte überhaupt *unsterblich* sein? Welche ›Instanz‹ oder ›Entität‹ im Menschen ist es, die den Tod überdauern und durch die vielen Erdenleben schreiten könnte?

2.1 Der physische Leib

B etrachten wir zunächst den Körper des Menschen, der sich jedem offenbart, der über gesunde Sinnesorgane verfügt. Dieser Leib ist in wundervoller Weise aus den mineralischen Stoffen der Erde aufgebaut. Somit können wir ihn *»physischer Leib«* oder *»stofflich-mineralischer Leib«* nennen. Es ist derjenige Leib, den wir mit unseren Sinnen wahrnehmen können und den die Wissenschaft bereits in einem hohen Maße erforscht hat und erklären kann. Dieses Wesensglied ist das einzige, das sich der sinnlichen Anschauung unverhüllt zeigt. Einen solchen materiellen Leib haben auch die Tiere, die Pflanzen und die Mineralien, wenngleich sich diese Leiber in vielerlei Hinsicht voneinander unterscheiden.

Wie man am Beispiel der Menschen, Tiere und Pflanzen sieht, kann ein solcher Leib *belebt* sein. Sobald aus einem solchen Leib das Leben weicht, ist dieser dazu verurteilt zu zerfallen. Die physischen Leiber von verstorbenen Menschen und Tieren verlieren ihre charakteristische Form und lösen sich wieder in diejenigen Stoffe auf, aus denen sie gebildet worden sind; sie verwesen. Das gleiche Schicksal ereilt auch eine abgestorbene Pflanze, die nach einiger Zeit verrottet. Nur Mineralien kann man weitestgehend kennen, indem man nur das Physische beobachtet und studiert.

Zeitgenossen, die der materialistischen Weltanschauung anheimgefallen sind, identifizieren ihr Wesen ganz mit ihrem Körper, ihrem physischen Leib. Diesen betrachten sie als ihr einziges Wesensglied. So ist es auch trotz zahlloser Gegenbeweise aus der Nahtod-Forschung immer noch wissenschaftlicher Konsens, dass das menschliche Bewusstsein durch das Gehirn hervorgebracht werde und dass es ohne dieses gar kein Bewusstsein geben könne.

Dieser physische Leib des Menschen ist fürwahr ein absolut großartiges Wunderwerk. Wenn man etwa an den vollkommenen Bau sowie die wunderbaren Funktionen des Herzens oder des Gehirns denkt, wird keiner bestreiten, dass es sich hierbei um ganz außergewöhnlich vollkommene und verehrungswürdige Organe handelt.

Dennoch ist dieser wunderbare Leib – wie jeder weiß – sterblich. Nach dem Tode löst er sich durch Verbrennung oder Verwesung wieder in der Erdenwelt auf. Ein Materialist, der ja der Auffassung ist, dass das menschliche Wesen mit seinem physischen Leib erschöpft sei, denkt somit absolut folgerichtig! Wenn dieser stofflich-mineralische Leib alles *wäre*, was den Menschen ausmacht, wenn er wirklich sein *einziges* Wesensglied *wäre*, dann wäre es ein Unsinn, von einem Leben nach dem Tod oder gar von Reinkarnation zu sprechen, da dieser Leib nach dem Tode verwest und letztlich ganz verschwindet! Aber wie wir im Folgenden sehen werden, ist die Annahme, dass das menschliche Wesen mit seinem physischen Leib erschöpft sei, ein gewaltiger Irrtum!

Vom ›wahren‹ Menschen kennt man nur sehr wenig, wenn man ausschließlich seinen physischen Leib seziert und erforscht, wie das die Wissenschaftler machen. Um einen plakativen Vergleich zu wählen, könnte man sagen, dass man, wenn man nur diesen Leib betrachtet, so wenig vom wahren Menschen kennt, wie man von einem Eisberg kennt, wenn man nur die Spitze, die aus dem Meer ragt, betrachtet. Um verstehen zu können, *was* am Menschen unsterblich ist, also den Tod überdauert und durch die wiederholten Erdenleben schreitet, müssen wir wissen, was den Menschen in seiner *gesamten Wesenheit* wirklich ausmacht. Der Mensch ist nämlich *kein* reines »Körperwesen«; er ist *kein »ein*gliedriges« Wesen.

Um das menschliche Wesen in seiner Gesamtheit wirklich erfassen zu können, müssen wir einen kurzen Blick auf das »Wesensgefüge« des Menschen, auf seine »Wesensglieder« werfen.

Der *heutige* Mensch besitzt über seinen physischen Leib hinaus noch drei höhere Wesensglieder, welche diesen *durchdringen*. Die gesamte menschliche Organisation, die aus *vier »Wesensgliedern«* besteht, zeigt sich nur der Anschauung eines mit Hellsichtigkeit begabten Menschen. Für einen Durchschnittsmenschen *scheinen* die drei höheren Glieder nicht zu existieren. Wenn sich ein solcher aber über die Aufgaben und Wirkungsweise dieser unsichtbaren Glieder informiert, so kann er zumindest ihre Offenbarungen wahrnehmen.

Die drei übersinnlichen menschlichen Wesensglieder und ihre Funktionen, die wir im Folgenden kurz erläutern wollen, waren den Weisen aller früheren Epochen bis zurück in die urindische Kultur vor rund 8.000 Jahren bekannt. Natürlich wurden ihnen damals andere Namen gegeben. Wir wollen uns hier an die Bezeichnungen halten, die in der anthroposophisch orientierten Geisteswissenschaft Rudolf Steiners verwandt werden. Auch wenn die Bezeichnungen nicht so wichtig sein mögen, so braucht man doch ein Begriffssystem, um sich überhaupt verständigen zu können.

Um nun *wirklich* erfahren zu können, was ein Mensch ist, was ihn in seiner Wesenheit auszeichnet und von seinen Mitgeschöpfen unterscheidet, müssen wir ihn – plakativ formuliert – von einem geistigen Seher, wie Rudolf Steiner einer war, ›sezieren‹ lassen. Nur ein Geistesseher ist in der Lage zu erkennen, aus welchen verschiedenen »Wesensgliedern« der Mensch besteht, was ihn also in seiner Gesamtheit ausmacht.

2.2   Der Ätherleib

M an könnte sich ja beispielsweise einmal fragen, warum Menschen, Tiere und Pflanzen im Gegensatz zu den Mineralien *Lebe*wesen sind, warum sie wachsen und zur Fortpflanzung bzw. Vermehrung fähig sind. Die dazu benötigten *ursächlichen* Kräfte sind gewiss *nicht* in dem physischen Leib zu finden, denn über einen solchen verfügen die Mineralien auch.

Nun besitzt der Mensch neben seinem physischen Leib zunächst noch einen »*Ätherleib*«, den man auch »*Lebensleib*« oder »*Bildekräfteleib*« nennt. Der Ätherleib ist das unterste übersinnliche Wesensglied. Ohne diesen ätherischen Leib könnte in dem stofflich-mineralischen Leib kein *Leben* sein. Somit haben nicht nur Menschen, sondern alle *Lebewesen*, also auch Pflanzen und Tiere, einen solchen Leib.

Der Ätherleib ist gewissermaßen der ›Aufbauer‹ oder der ›Architekt‹ des physischen Leibes, der sich aus dem ätherischen herauskristallisiert. Der physische Mensch ist nach Maßgabe seines Ätherleibes gebildet. Dieser Leib enthält die *wirkenden* Kräfte, die jedes Lebewesen bis in seine Zellstruktur beleben und gestalten. Der Ätherleib regt alle Lebensfunktionen des physischen Leibes an, das heißt, er beschützt die Substanz des physischen Leibes dauernd vor dem Zerfall und regelt den Aufbau dieser Substanz. Er ist der Träger der Wachstums- und Fortpflanzungskräfte und insbesondere auch des Gedächtnisses. Im Laufe der Entwicklung wird dieses ›Gewebe‹ von Erinnerungen und Urteilen zur Grundlage von Temperamenten, Gewohnheiten und Neigungen sowie des Charakters und des Gewissens. Wenn jemandem irgendeine Verrichtung so vertraut ist, dass er sie jederzeit aus einer Routine heraus ausführen kann, ohne sich darauf besonders konzentrieren zu müssen, sagt man, diese Tätigkeit sei ihm »in Fleisch und Blut« übergegangen. Diese Verrichtung ist ihm zur *Gewohnheit* geworden. Wie alle Gewohnheiten hat sich diese in den Ätherleib ›eingeschrieben‹. Richtigerweise müsste man also sagen, dass diese Tätigkeit – genauer alle Gedanken und Handgriffe, die dazu erforderlich sind – in den Ätherleib übergegangen ist.

Beim *heutigen* erwachsenen Menschen hat der Ätherleib etwa die gleiche Form wie der physische Leib, den er allerdings an allen Seiten *ein wenig* überragt. Daher bezeichnete Rudolf Steiner ihn auch als *»Doppelgänger«* des physischen Leibes, in dem die verschiedenen Kraftgestalten des physischen Leibes zu erkennen sind. Der ätherische Leib ist durchaus ähnlich organisiert wie der physische, nur sehr viel komplizierter. Er ist nicht nur mit feinen Äderchen und Strömungen durchzogen, sondern er hat auch Organe. Jedem physischen Organ ist ein entsprechendes Ätherorgan zugeordnet, das dieses gestaltet und erhält. So kann man etwa von einem *»Ätherherzen«*, einem *»Äthergehirn«*, einer *»Ätherlunge«* usw. sprechen. Der Ätherleib weist auch Gliedmaßen auf, also beispielsweise *»Ätherarme«*, *»Ätherhände«*, *»Ätherfinger«* und so fort.

Dem Blick eines Hellsehers stellt sich der menschliche Ätherleib als ein innerlich leuchtendes, durchscheinendes, aber nicht ganz durchsichtiges *»Kraftgebilde«* dar. Bei einem gesunden Menschen hat er die Farbe der jungen Pfirsichblüte. Es glänzt und glitzert alles an diesem Lichtleib in den unterschiedlichsten Farbschattierungen und Helligkeitsgraden.

Es ist ja nicht verwunderlich, dass die Wissenschaft so verhältnismäßig wenig über das Gedächtnis weiß, da sie seinen Sitz im *physischen* Gehirn sucht. Dieses Gehirn ist für den Menschen aber nur in der *physischen* Welt – also solange er im Erdenleben weilt – vonnöten, damit etwas Erinnertes, also aus dem ätherischen Gehirn Heraufgeholtes, zum Bewusstseinsinhalt werden kann. Das physische Gehirn ist nicht mehr, aber auch nicht weniger als ein Werkzeug bzw. ein ›Spiegelungsapparat‹. Zu Lebzeiten wird der ätherische Leib mit seinen Gedächtniskräften sehr stark vom physischen Leib eingeschränkt. Um etwas Erinnertes freigeben zu können, ist er auf die vermittelnden Dienste des physischen Organismus angewiesen.

Wenn das physische Gehirn einen Schaden hat – wie das etwa bei einer Demenzerkrankung der Fall ist –, so ist es kein reiner Spiegel mehr, so dass es viele Erinnerungen aus dem Ätherleib nicht mehr spiegeln und somit auch nicht zum Bewusstsein bringen kann. Das, woran sich ein Mensch in seinem Erdenleben – zumindest einigermaßen – zu erinnern vermag, bildet nur eine verschwindend geringe

Teilmenge aller im Ätherleib aufbewahrten Erinnerungen. Der ätherische Leib ist ein treuer Bewahrer von *allem*, was der Mensch jemals erlebt hat. Auch solche Ereignisse bzw. Erlebnisse, die nie die Bewusstseinsschwelle überschritten haben, an die sich der Mensch also im Erdenleben niemals erinnern könnte, sind hier einverwoben.

Der Ätherleib bleibt während einer irdischen Inkarnation *immer*, auch im Schlafe, mit dem physischen Leib verbunden. Erst im Augenblick des Todes trennt er sich von diesem ab. Man könnte auch sagen, dass der ätherische Leib den physischen *entlässt*.

Nach Eintritt des Todes ist der Ätherleib frei vom starren physischen Leib. Dadurch taucht etwas Gewaltiges vor dem Seelenauge des Verstorbenen auf, von dem auch zahlreiche Menschen, die Nahtod-Erfahrungen hatten, berichten: das sogenannte *»Lebenspanorama«*. Wie mit einem Schlage steht das gesamte verflossene Erdenleben vor seiner Seele. Wie in einem großen Panorama sieht er Bilder seines ganzen abgelaufenen Lebens vor sich. Alles, was er denkend oder vorstellend in seinem Leben erlebte, taucht in diesen Bildern auf. Es ist wirklich immer das *ganze* verflossene Erdenleben in dieser *»Lebensrückschau«* da, und zwar auf einmal, nicht erst in einer zeitlichen Reihenfolge.

Nach etwa drei Tagen, wenn die unzähligen Bilder des Lebenspanoramas immer mehr verblassen, wird der weitaus größte Teil des ätherischen Leibes in den Kosmos einverwoben. Nur einen kleinen Teil nimmt der Mensch als unvergängliche Essenz auf seinen weiteren nachtodlichen Weg mit.

Wenn der Mensch später erneut durch die Geburt ins physische Dasein schreitet, so hat sein *neuer* Ätherleib noch die Resultate dessen, wie er in seiner früheren Inkarnation gelebt hat. Da dieser ätherische Leib der Aufbauer der neuen physischen Organisation ist, prägt sich das jetzt alles auch in den physischen Leib ein.

2.3 Der Astralleib

Man könnte jetzt weiter fragen, warum Menschen und Tiere im Gegensatz zu Pflanzen oder gar Mineralien Gefühle, Empfindungen und Begierden haben. Diese können offensichtlich weder im physischen noch im ätherischen Leib gefunden werden, denn diese beiden Wesensglieder haben die Pflanzen auch.

Der Mensch besitzt über den physischen und ätherischen Leib hinaus noch ein weiteres immaterielles Wesensglied, das die ätherische Hülle umschließt: den sogenannten *»Astralleib«* oder *»Seelenleib«*. Innerhalb dieses Leibes erscheint das *Eigenleben* des Menschen. Es drückt sich dadurch aus, dass dieser Lust oder Unlust, Freude oder Schmerz usw. erlebt.

Der astralische Leib ist der Träger von Gefühlen, Begierden, Wünschen, Leidenschaften und dergleichen. Durch ihn werden Sympathien und Antipathien erregt. Die Fähigkeit, solche Empfindungen zu erleben, teilt der Mensch nur mit den Tieren, die auch einen solchen übersinnlichen Leib besitzen. Auch hier ist es natürlich wieder so, dass der Mensch, solange er auf der Erde verkörpert ist, des Nervensystems bedarf, damit er etwa Schmerzen empfinden kann.

Einem Geistesseher zeigt sich das *Bild* des Astralleibes als eine Art ›Lichtwolke‹, die sogenannte *»Aura«*, die den physischen und ätherischen Leib umhüllt und den Kopf etwa um zwei bis drei Kopflängen überragt. Diese eiförmige Aura glänzt in den unterschiedlichsten Farben, je nach den jeweiligen Begierden, Trieben usw.

Auch der Astralleib ist im Prinzip ähnlich organisiert wie der physische und der ätherische Leib. Im Schlafe löst er sich aus der Verbindung mit den beiden übrigen Leibern. Dann gehört es unter anderem zu seinen Aufgaben, den physischen Leib zu erfrischen und Abnutzungserscheinungen auszugleichen.

Der Mensch verliert nach dem Tod seinen Astralleib zunächst nicht. Im Durchschnittsfall legt er erst einige Jahrzehnte, nachdem er durch die Pforte des Todes gegangen ist, den größten Teil seines astralischen Leibes ab. Nur einen gewissen Extrakt nimmt er als Frucht seines Lebens mit auf seinen weiteren Weg durch die höheren Welten.

Die Frage, was vom Menschen unsterblich ist, was ihm in der gesamten Zeit seines nachtodlichen Lebens von seinem Wesensgefüge bleibt und durch die vielen Erdenleben schreitet, steht immer noch im Raum. Der physische Leib löst sich nach dem Tod völlig in der Erdenwelt auf, und von den beiden anderen Leibern nimmt der Mensch nur einen gewissen Teil als unvergängliche Essenz mit auf seinen weiteren Weg. Hätte der Mensch nur *diese drei* Wesensglieder, so wäre es immer noch unsinnig, wenn man sagen würde, dass er unsterblich sei und ewig existiere.

2.4 Das Ich

Nun besitzt aber der Mensch in der Tat noch ein viertes Wesensglied, das ihn *weit* über das Tierreich erhebt: das *»Ich«*. Hätte der Mensch nicht dieses Ich, so hätten die Materialisten recht; dann wäre er nur ein hochentwickelter Affe.

Dieses Wesensglied, das sich einem Hellseher als ovale, bläuliche Hohlkugel im Stirnbereich zwischen den Augen zeigt, ist der entscheidende Bewusstseinsträger des Menschen. Dieses an das Ich gekoppelte Bewusstsein, das *»Ich-Bewusstsein«* oder *»Selbst-Bewusstsein«*, leuchtet im Erdendasein eines Menschen etwa im dritten Lebensjahr erstmals auf. Ab diesem Zeitpunkt kann sich ein Kind seelisch als ein *»Ich«* bezeichnen. Es wird fähig, dieses Wort richtig zu verwenden. Es wird dann nicht mehr sagen *»*Maxi möchte einen Keks*«*, sondern *»Ich* möchte einen Keks*«*. Die übliche Erinnerung, die ein Mensch in seinem *Erden*leben hat, reicht *höchstens* bis zu diesem Ereignis zurück.

Dieses Ich-Bewusstsein ist – zumindest wenn man von den Phasen, in denen der Mensch wacht, absieht – völlig unabhängig vom physischen Leib und somit auch nicht an das Gehirn gebunden. Es ist das entscheidende Bewusstsein, das er in der gesamten Zeit zwischen Tod und neuer Geburt hat.

Das Ich ermöglicht es dem Menschen, sich als eigenständiges und seiner selbst bewusstes Wesen erkennen und von seinen Mitmenschen und seiner Umgebung abgrenzen zu können. Jeder Mensch kann sich selbst als ein *»Ich bin«* wahrnehmen. Das Ich, das man auch als *»Selbst«* bezeichnen könnte, erlaubt ihm, sich über seine bloßen Gefühle und Triebe hinaus selbst zu bestimmen. Dadurch kann er dazu kommen, ordnende Begriffe und Gedanken zu bilden.

Das Ich macht es dem Menschen möglich, aus eigenem Antrieb heraus tätig zu werden und moralischen Idealen nachzustreben, anstatt nur blind seinen Trieben zu folgen, wie es bei den Tieren der Normalfall ist.

Dieses Ich ist nichts Geringeres als der »geistig-seelische Wesenskern« des Menschen, der als »göttlicher Funke« in ihm lebt.

»Wir müssen uns klar sein, dass wir zunächst in uns haben den geistig-seelischen Wesenskern, den wir zusammenfassen in seinem Mittelpunkt, wenn wir ›Ich‹ oder ›Ich bin‹ sagen. Dieser geistig-seelische Wesenskern ist eingebettet in den Astral-, Äther- und physischen Leib. So wie der Mensch jetzt in der Welt lebt, leben wir eigentlich, wenn wir innerlich leben, in unserem Ich; denn alle Seelentätigkeiten sind bei dem wachen Menschen mit dem Ich in irgendeiner Weise verknüpft, erscheinen gleichsam alle auf dem Hintergrunde des Ich.«[2]

Während die drei unteren Wesensglieder, physischer Leib, Ätherleib und Astralleib, bereits in einer urfernen Vergangenheit, von der die Wissenschaftler nicht einmal zu träumen wagen und von der auch in den religiösen Urkunden nichts zu finden ist, von den göttlich-geistigen Wesen der höheren Hierarchien geschaffen bzw. keimartig veranlagt wurden, ist das Ich noch ein sehr junges Wesensglied.

»An einem Freitag, am 3. April des Jahres 33, drei Uhr am Nachmittag fand das Mysterium von Golgatha statt. Und da fand auch statt die Geburt des Ich in dem Sinne, wie wir es oftmals charakterisiert haben. Und es ist ganz gleichgültig, auf welchem Erdenpunkte der Mensch lebt, oder welchem Religionsbekenntnis er angehört, das, was durch das Mysterium von Golgatha in die Welt kam, gilt für alle Menschen. So wie es für alle Welt gilt, dass Cäsar an einem bestimmten Tage gestorben ist, und nicht für die Chinesen ein anderer und für die Inder wieder ein anderer Tag dafür gilt, ebenso ist es eine einfache Tatsache des okkulten Lebens, dass das Mysterium von Golgatha sich an diesem Tage zugetragen hat und dass man es da zu tun hat mit der Geburt des Ich. Das ist eine Tatsache ganz internationaler Art.«[3]

Dieses Ich hat der Mensch zwar schon seit Beginn der Erdenzeit, allerdings konnten die Menschen ihr Ich-Bewusstsein vor der Zeitenwende noch nicht recht ergreifen. Sie begriffen sich jahrtausendelang nicht so wie wir heute als eigenständige Individuen. Vielmehr fühlten sie sich noch verbunden, noch ›eins‹ mit ihren Blutsverwandten bis hin zu ihrem Stammvater Abraham.

Aber die Entwicklung musste weitergehen. Die Zeit wurde reif, dass die Menschen mehr und mehr ihr individuelles Ich, wie es heute eine Selbstverständlichkeit ist, ergreifen konnten. Erst durch die Mission Christi kann in jedem Menschen ein *individuelles* Ich aufleuchten. Christus hat dieses menschliche Ich *erweckt*. Erst dadurch kann der Mensch in der Zukunft *Mensch* werden und zur wirklichen Freiheit gelangen. Wir befinden uns heute im Jahre 2025 nach Christus, genauer nach Jesu Geburt, und im Jahre 1992 nach der Ich-Geburt. Damit begann die große Zeitenwende. Das Wort »ICH« der deutschen Sprache stellt in monumentalen Lettern die Initialen des Gottessohnes dar: *I*esus *CH*ristus. Immer wenn wir »ich« sagen, sprechen wir die Anfangsbuchstaben des großen »ICH-BIN« aus.

Im Schlaf löst sich das Ich zusammen mit dem Astralleib vom physischen und ätherischen Leib und erhebt sich in die Astralwelt, in der es bestimmte Erlebnisse hat, die dem Menschen freilich nicht bewusst werden.

Das Ich, das die eigentliche menschliche »*Individualität*« repräsentiert, bleibt dem Menschen als einziges *ureigenes* Wesensglied in der gesamten nachtodlichen Zeit *vollständig* erhalten, wenngleich das Bewusstsein seiner selbst, also das Ich-Bewusstsein, phasenweise stark herabgedämpft sein kann und anderer Art ist, als es im Erdenleben der Fall ist. In der Zeit der Aufklärung machten sich zahlreiche Philosophen Gedanken über das Wesen des Ichs. *Johann Gottlieb Fichte* (1762 bis 1814) charakterisierte es mit den Worten:

»Mache Dich selbst ewig, anstatt das Nichts zu erwarten! Das Bild der Ewigkeit ist in Dir. Bring' es heraus! ›Ich‹ ist sein Name. Ich für immer!«

Das Ich ist unsterblich und unvergänglich; es schreitet von Inkarnation zu Inkarnation.

»So gewiss wie der Pflanzenkeim die Anlage hat, eine neue Pflanze zu werden, so gewiss hat dasjenige, was sich in dem Alltagsleben als Seelisch-Geistiges verbirgt, was sich aber der Geisteswissenschaft

zeigt, die Anlage zu einem neuen Menschen. Und durch eine solche Betrachtung gelangt man in voller Übereinstimmung mit der naturwissenschaftlichen Vorstellungsart zu den wiederholten Erdenleben.«[4]

Durch die unzähligen Erfahrungen, die es in jedem einzelnen Erdenleben sammelt, kann das Ich immer reifer und vollkommener werden.

2.5 Körper, Seele und Geist

W ir müssen noch in aller Kürze klären, wie diese *Vier*gliedrigkeit (physischer Leib, Ätherleib, Astralleib und Ich) des Menschen mit der schon seit frühesten Zeiten üblichen *Drei*gliederung, die auch heute noch ihre volle Berechtigung und Gültigkeit hat, nach der der Mensch aus Körper, Seele und Geist besteht, in Einklang zu bringen ist.

Der Begriff »*Körper*« dürfte die wenigsten Schwierigkeiten bereiten. Damit ist dasjenige gemeint, wodurch sich dem Menschen die äußeren Phänomene der Sinneswelt offenbaren. Er besteht im Wesentlichen aus dem *physischen Leib*. Durch leibliche Sinne lernt man den Leib des Menschen kennen. Den *Ätherleib*, der ja den physischen Leib aufbaut und belebt und, solange der Mensch im Erdenleben weilt, immer mit diesem fest verbunden ist, kann man auch noch zu dem, was man den menschlichen »Körper« nennt, dazurechnen.

Mit dem Wort »*Seele*« soll auf all dasjenige hingedeutet werden, wodurch der Mensch die Dinge, die der Leib wahrgenommen hat, mit seinem eigenen Dasein verknüpft, wodurch er also etwa Lust oder Unlust, Freude oder Leid erfährt. Die Seele ist im Menschen tätig und durchdringt alle Verrichtungen des Körpers. Die wesentlichen Kräfte der Seele sind Sympathie und Antipathie. Das *Ich* und der *Astralleib*, insbesondere soweit er die Hülle des Ichs ist, stellen – etwas vereinfacht dargestellt – die menschliche Seele dar. Der Astralleib ist der eigentliche »*Seelenleib*«, gleichsam die Substanz, aus der die menschliche Seele gewoben ist.

Das Ich ist eigentlich bereits ein *geistiges* Wesensglied, das sich beim Durchschnittsmenschen seiner geistigen Wesenheit allerdings noch nicht bewusst ist. Der deutsche Arzt und Schriftsteller *Carl Ludwig Schleich* (1859 bis 1922), der als Erfinder der Anästhesie gilt, drückte es folgendermaßen aus:

»Bewusstsein ist die Beobachtung des Ichs, das Innewerden dessen, dass ich ein Ich bin. Das Ich ist die kondensierte Seele. Das Ich ist die Brücke vom Geist zur Seele.«[5]

2.6 Zukünftige Wesensglieder

D er *»Geist«* besteht jedoch im strengen Sinne aus drei zukünftigen Wesensgliedern, die der heutige Mensch erst in seinen keimhaften Anlagen besitzt, die er also noch im Zuge seiner geistig-seelischen Evolution ausbilden, die er noch erwerben muss: *»Geistselbst«*, *»Lebensgeist«* und *»Geistesmensch«*.

Die unteren drei Wesensglieder, also der physische Leib, der Ätherleib und der Astralleib, bilden gewissermaßen die Hüllen, in die das Ich sich im Erdendasein einkleidet. Diese sind ihm – etwas salopp ausgedrückt – als ›Basisausstattung‹ von den Schöpfermächten verliehen worden. Dadurch wurde er wie die gesamte ihn umgebende Natur zum Geschöpf der göttlich-geistigen Welt. Durch sein Ich ist er berufen, zum Schöpfer *seiner selbst* zu werden! Es ist die Aufgabe des Menschen, aus seiner menschlichen Freiheit und seinen Ich-Kräften heraus in voller Bewusstheit seine drei unteren Leiber umzuarbeiten, zu veredeln und zu verwandeln. Auf diese Art kann es ihm gelingen, in der Zukunft höhere Wesensglieder zu entwickeln. *Emil Bock* (1895 bis 1959), Gründungsmitglied und Priester der Christengemeinschaft, schrieb dazu:

»In drei künftigen Äonen wird der Mensch drei höhere Wesensglieder dadurch in sich hereinverkörpern, dass sein Ich im irdischen Hüllenwesen nicht untätig bleibt, sondern an sich arbeitet und so die Hüllen ergreift und einer fortschreitenden Verwandlung entgegenführt.«[6]

Während der Mensch seine heutigen vier Wesensglieder ohne eigene Verdienste von den Göttern nach und nach verliehen bekommen hat, muss er sich die drei zukünftigen selbst verdienen, selbst erringen.

Diese Verwandlung – man könnte auch von Veredelung, Reinigung oder Vergeistigung sprechen – des astralischen, ätherischen und physischen Leibes geht mit dem einher, was man als *geistig-seelische* Evolution des Menschen, die ihn schließlich eines urfernen Tages zum Erreichen des Menschheitsziels führen kann, bezeichnet.

2.6.1 Das Geistselbst

Das *»Geistselbst«* kann sich der individuelle Mensch dadurch erwerben, dass er mit seinem Ich seinen Astralleib *bewusst* umgestaltet, vergeistigt. In dem Maße, wie er Herr über seine Triebe, Begierden, Leidenschaften usw. geworden ist, erscheint dieses Wesensglied im Astralleib. Für die Ausbildung des Geistselbst ist es zudem erforderlich, dass der Mensch sich mehr und mehr zu einem reinen Denken erhebt, das nicht an das gebunden ist, was die Sinneswelt ihm bietet.

Der Astralleib eines Menschen besteht also auch heute schon aus *zwei* Bereichen: dem bereits umgewandelten, veredelten und dem noch nicht umgewandelten. Das Geistselbst in seiner Offenbarung kann beim Menschen als »umgewandelter Astralleib« bezeichnet werden. Wie bereits erwähnt legt der Mensch einige Zeit nach dem Tod den größten Teil seines Astralleibes ab und nimmt nur einen gewissen unverlierbaren Extrakt mit in sein weiteres Dasein. Dieser Extrakt ist der bereits zum Geistselbst umgewandelte Teil des Astralleibes. Während der dem Menschen verliehene Astralleib das Ich wie eine äußere Hülle umgibt, wird das Geistselbst zu einem unverlierbaren inneren Bestandteil der menschlichen Individualität.

2.6.2 Der Lebensgeist

Das zweite Geistglied, das der Mensch vermöge seiner Ich-Kräfte ausbilden wird, ist der *»Lebensgeist«*. So wie der Mensch dadurch, dass er seinen Astralleib vergeistigt, das Geistselbst ausbildet, bildet er den Lebensgeist durch die Vergeistigung des Ätherleibes aus. Analog kann man die Offenbarung des Lebensgeistes als »umgewandelten Ätherleib« bezeichnen.

Um dieses Wesensglied bilden zu können, muss der Mensch mit seinem Ich nach und nach die Herrschaft über seine tiefergehenden Lebensgewohnheiten und Charaktereigenschaften gewinnen. Es liegt auf der Hand, dass es viel schwieriger ist und ungleich intensiverer Anstrengungen bedarf, auf dieser Ebene etwas zu bewirken, als seine Triebe, Leidenschaften und dergleichen zu veredeln. Förderlich für diese Arbeit kann es sein, wenn der Mensch von tiefen religiösen Impulsen durchdrungen ist, die er sich zum festen Bestandteil seines Lebens macht.

Etwa drei Tage, nachdem der Mensch über die Schwelle des Todes geschritten ist, wenn also die Lebensrückschau vorüber ist, wird – wie bereits erläutert – der größte Teil des ätherischen Leibes in den Kosmos einverwoben. Nur denjenigen Teil seines Ätherleibes, den er schon zum Lebensgeist veredelt hat, nimmt er als unverlierbare Frucht auf seinen weiteren Weg mit.

2.6.3 Der Geistesmensch

Das höchste Wesensglied, das der Mensch entwickeln muss, wurde von Rudolf Steiner *»Geistesmensch«* genannt.

Dieses Wesensglied kann der Mensch dadurch erwerben, dass er mit seinen Ich-Kräften den physischen Leib umwandelt, vergeistigt. Man kann also von einem »umgewandelten physischen Leib« sprechen.

Der physische Leib wird durch die physischen Lebenskräfte des Ätherleibes aufgebaut und erhalten. In einer ähnlichen Weise wird der Geistesmensch durch *geistige* Lebenskräfte auferbaut. Daher muss man in Analogie zum Ätherleib von einem *»Äthergeist«* sprechen. Dieser Äthergeist ist der bereits erwähnte Lebensgeist.

Dieses höchste Wesensglied, der Geistesmensch, kann beim Menschen erst in ur-urferner Zukunft zur Reife kommen.

✳ ✳

Die folgende Übersicht listet die heutigen und die zukünftigen Wesensglieder des Menschen sowie die der Mineralien, Pflanzen und Tiere auf:

	Mineral	Pflanze	Tier	Mensch
Geistesmensch (umgewandelter physischer Leib)				wird erst in der Zukunft voll ausgebildet sein
Lebensgeist (umgewandelter Ätherleib)				
Geistselbst (umgewandelter Astralleib)				
Ich				
Astralleib				
Ätherleib				
physischer Leib				

Übrigens haben auch Mineralien, Pflanzen und Tiere die höheren Wesensglieder. Allerdings sind diese nicht auf dem physischen Plan, sondern in höheren Welten.

Kapitel 3

Die zwei Jesusknaben

N achdem wir nun die vier Wesensglieder eines Menschen ein wenig kennengelernt haben, besitzen wir das Rüstzeug, um uns an das Geheimnis, das sich um die zwei Jesusknaben rankt, heranwagen zu können.

Es wuchsen also ziemlich zeitgleich zwei Jesuskinder heran. Rudolf Steiner bezeichnete denjenigen Jesusknaben, von dem Lukas schildert, meistens als *»nathanischer Jesusknabe«*, weil er ein Nachfahre *Nathans* war. Nathan war ein Sohn von König David, der etwa 1.000 Jahre vor Jesu Geburt lebte. Den anderen nannte er *»salomonischer Jesusknabe«*, weil er ein Nachkomme *Salomons* war, der ebenfalls ein Sohn Davids war. Joseph, der Vater des nathanischen Jesus, stammte aus der *priesterlichen* Linie des Hauses David. Derjenige Joseph, welcher der Vater des salomonischen Jesus war, gehörte der *königlichen* Linie des Hauses David an.

3.1   Der nathanische Jesusknabe

B eginnen wir mit dem nathanischen Jesusknaben und erinnern wir uns: Es ist dasjenige Jesuskind, das in einem Stall oder einer Höhle in Bethlehem geboren und in eine Krippe gelegt wurde, weil seine Eltern, Joseph und Maria, die zur Volkszählung aus Nazareth angereist waren, keine Herberge fanden. Aus dem Evangelium ist noch überliefert, dass den Hirten, die auf dem Feld Nachtwache hielten, ein Engel, der ihnen offenbarte, dass in Bethlehem der Heilbringer geboren sei, und die himmlischen Heerscharen erschienen sind. Dann können wir der lukanischen Schilderung noch entnehmen, dass dem Jesuskind bei der Darbringung im Tempel von dem alten Simeon mit zu Herzen gehenden Worten gehuldigt wurde.

Wesentlich mehr kann man exoterischen Dokumenten nicht entnehmen. Erst aus der Geistesforschung Rudolf Steiners wurden die großen Geheimnisse, die im Zusammenhang mit diesem Kind stehen, offenbart.

Wenn ein Mensch geboren wird, so gelingt es ihm im Allgemeinen in seinen ersten Lebensjahren bzw. -jahrzehnten recht mühelos, die Sprache, die Sitten und Bräuche des Volkes, in das er hineingeboren wurde, zu erlernen und sich mit vielen Dingen bekannt und vertraut zu machen, die sich in der Menschheit über Jahrtausende entwickelt haben. Kaum jemand hat ein Problem damit, sich die Kulturgüter, die sich die Menschheit errungen hat, aufzunehmen, soweit es für ihn notwendig ist. Wenn ein Mensch nur einmal auf der Erde leben würde, so wäre das nicht nur höchst erstaunlich, sondern sogar völlig unmöglich!

Nun ist es ja der absolute Normalfall, dass sich in die Hüllen (physischer Leib, Ätherleib und Astralleib) eines neugeborenen Kindes das Ich einer Individualität inkarniert, die schon viele Erdenleben hatte, in denen diese mannigfaltige Erfahrungen und Lernprozesse durchgemacht hat. Auch wenn sich ein Durchschnittsmensch nicht mehr daran erinnern kann, was er in früheren Inkarnationen erlebt hat, so sind diese Erfahrungen doch nicht verloren und auch notwendig, damit er im neuen Leben fähig sein kann, alles aufzunehmen, was an Kulturgütern in der Welt vorhanden ist. Ohne diese wiederholten Erdenleben wäre eine Entwicklung des Menschen und der Menschheit ganz unmöglich. Das hatte schon *Lessing* (1729 bis 1781) erkannt, der darüber in seinem Werk *»Die Erziehung des Menschengeschlechts«* schrieb.

3.1.1 Eigenschaften und besondere Fähigkeiten des nathanischen Jesusknaben

Bei dem nathanischen Jesusknaben war das ganz anders. Er hatte sein vorhergehendes Dasein ausschließlich in den geistigen Welten durchgemacht. Es wurde gewissermaßen in den höheren Welten eine Seele zurückbehalten, die erst jetzt *erstmals* zu einer irdischen Verkörperung schreiten konnte. In diesem Jesusknaben lebte eigentlich das vom Menschen, was nicht in die menschliche Entwicklung auf der Erde eingegangen ist.

»Bevor innerhalb der Menschheitsentwickelung ein physischer Mensch entstand, hat man es zu tun mit einer Seele, die sich dann in zwei teilte. Der eine Teil, der eine Nachkomme der gemeinsamen Seele, verkörperte sich in Adam, und dadurch geht diese Seele in die Inkarnation hinein, unterliegt dem Luzifer und so weiter. Für die andere Seele, gleichsam für die Schwesterseele, wird von der weisen Weltenregierung vorausgesehen, dass es nicht gut ist, wenn sie sich auch verkörpert. Sie wird zurückbehalten in der seelischen Welt; sie lebt also nicht in den Menschheits-Inkarnationen, sondern wird zurückbehalten. Mit ihr verkehren nur die Eingeweihten der Mysterien.

Diese Seele nimmt also auch nicht während dieser Evolution vor dem Mysterium von Golgatha das Ich-Erlebnis in sich auf, weil dieses ja erst durch das Einkörpern in den Menschenleib erlebt wird. Deshalb hat aber diese Seele doch alle Weisheit, die erlebt werden konnte durch Saturn-, Sonnen- und Mondenzeit[*1*], es hat diese Seele alle Liebe, deren eine Menschenseele fähig werden kann. Diese Seele bleibt also gleichsam unschuldig gegenüber all der Schuld, in die die Menschheit sich bringen kann im Verlauf der Inkarnationen der Menschheitsentwickelung. Diese Seele ist also eine solche, der man äußerlich nicht als Mensch begegnen konnte, sondern die nur von den alten Hellsehern wahrgenommen werden konnte. Von denen wurde sie auch wahrgenommen. Sie verkehrte sozusagen in den Mysterien.

Und so haben wir eine solche Seele, man könnte sagen, innerhalb und doch oberhalb der Menschheitsentwickelung, die zunächst nur geistig wahrgenommen werden konnte, ein Vormensch, ein wirklicher Übermensch.«[1]

Die Seele dieses Kindes war also eine absolut reine, an die die Versuchung Luzifers, von der die Genesis[2] schildert und durch die der ätherische und astralische Leib der jungen Erdenmenschen in gewisser Weise verdorben wurden, nicht herangekommen ist. In diesem Jesusknaben war das, was in der Menschheit *vor* dem luziferischen Einfluss war. Lukas drückt das dadurch aus, dass er den Stammbaum bis Adam hinaufführt. Diese von der Versuchung unberührte Schwesterseele Adams war nach dem Sündenfall als engelartige Wesenheit in der Seelenwelt verblieben. Sie stand von Anfang an in enger Beziehung zu Christus, von dessen Kraft sie durchdrungen und durchtränkt wurde. Es bedurfte dieser reinen Seele, an der weder *Luzifer* noch *Ahriman* einen Anteil hatten, damit es später zu dem kommen konnte, was wir »Auferstehung Christi« nennen. Übrigens Luzifer und Ahriman sind die beiden »Widersacherwesen«, die in der Bibel meistens als »Teufel« bzw. »Satan« bezeichnet werden. Luzifer ist vermutlich jedem, der schon einmal die Schöpfungsgeschichte gelesen hat, bekannt. Er war es, der in der symbolischen Gestalt der Schlange Eva verführte. Für die Zwecke dieses Buches ist es nicht notwendig, die beiden Widersacher näher zu charakterisieren sowie auf ihre Bestrebungen und die damit verbundenen Herausforderungen und Gefahren für uns Menschen einzugehen.

Da die Seelenwesenheit des nathanischen Jesus zuvor noch nie auf der Erde inkarniert war, kann nicht die Rede davon sein, dass er ein ›normales‹ Menschen-Ich hatte, denn ein Menschen-Ich ist das, was von Inkarnation zu Inkarnation schreitet. Die Entfaltung eines menschlichen Ichs ist ohne irdische Inkarnationen nicht möglich. Rudolf Steiner sprach davon, dass der nathanische Knabe ein »provisorisches Ich« hatte.[3]

Folglich konnte dieser Knabe keine Begabung für äußere kulturelle Dinge zeigen. Er hatte kein Talent, um das zu lernen, was an Kulturgütern vorhanden war. Dafür hatte er überhaupt keine Neigung. Das war ihm alles fremd, weil in ihm etwas geboren wurde, was die gesamte Erdenentwicklung der Menschheit nicht mitgemacht hatte. Er hatte allerdings eine sehr tiefe gemütvolle Innerlichkeit. Das Seelisch-Gemütvolle war in ihm besonders stark ausgeprägt. Wie auch in einigen Legenden berichtet wird, konnte dieses Kind unmittelbar nach der Geburt sprechen. Es war allerdings eine eigentümliche Sprache, die von den Menschen seines Umfeldes nicht verstanden werden konnte. Nur seine Mutter konnte aus ihrer Herzensempfindung heraus die Bedeutung der Worte erahnen.[4] Dass der Knabe von Geburt an sprechen konnte, mag höchst erstaunlich sein. Um das begreiflich finden zu können, muss man wissen, dass sich die Sprache ja ganz wesentlich der Kräfte des Ätherleibes bedient. Und diese waren absolut rein, weil sie vor der schädlichen Wirkung des Sündenfalls bewahrt worden waren.

»Und dass dieser Jesusknabe eine merkwürdige Sprache zeigte, das ist etwas noch viel Interessanteres. Denn da müssen wir auf etwas blicken [...], dass die Sprachen, die heute über die Erde verbreitet sind, die bei den verschiedenen Volksstämmen auftreten, verhältnismäßig spät innerhalb der Menschheitsentwickelung entstanden sind; ihnen aber ging voraus, was man wirklich eine menschliche Ursprache nennen könnte. Und die trennenden Geister der luziferischen und ahrimanischen Welt sind es, die aus der Ursprache die vielen Sprachen in der Welt gemacht haben. Die Ursprache ist verloren und kann heute mit einem solchen Ich, das im Laufe der Erdentwickelung von Inkarnation zu Inkarnation gegangen ist, von keinem Menschen zunächst gesprochen werden.

Jener Jesusknabe, der nicht durch menschliche Inkarnationen gegangen war, bekam vom Ausgangspunkte der Menschheitsentwickelung die Fähigkeit mit, nun nicht diese oder jene Sprache, sondern eine Sprache zu sprechen, von der mit einem gewissen Recht behauptet wird, dass sie nicht verständlich war für die Umgebung, die aber durch das, was drinnen lebte an Herzinnigkeit, von dem Mutterherzen verstanden wurde. Es wird damit auf ein ungeheuer bedeutendes Phänomen bei diesem Lukas-Jesusknaben hingewiesen.«[5]

Eine ungeheure Liebesfähigkeit sowie eine ungeheure Hingebungsfähigkeit zeichneten dieses Kind aus.

»Und das Merkwürdige war, dass er von dem ersten Tage seines Lebens an durch seine bloße Gegenwart oder auch durch seine Berührung wohltätige Wirkungen ausübte, Wirkungen, die man heute vielleicht magnetische Wirkungen nennen würde. Also alle Herzenseigenschaften – und die Herzenseigenschaften so gesteigert, dass sie zu einer magnetischen Wohltat für die Umgebung werden konnten, zeigten sich bei diesem Knaben.«[6]

Dieser Knabe konnte sich sehr tief in die Seelen anderer Menschen hineinversetzen. Er fühlte Leid und Freude anderer Menschen als sein eigenes Leid und seine eigene Freude. Er entzückte alle Menschen, die mit ihm zusammenkamen.

3.1.2 Die Verbindung des Buddha mit dem nathanischen Jesusknaben

Wir wollen jetzt den Blick auf zwei Begebenheiten richten, von denen Lukas noch schildert und die auch bereits in Kapitel 1 Erwähnung fanden.

Diese Schilderungen müssten völlig unverständlich bleiben, wenn man nicht wüsste, dass es auch mit dem Astralleib des nathanischen Jesus etwas ganz Besonderes auf sich hatte.

Wie in Kapitel 2 erläutert wurde, legt der Mensch einige Zeit nach dem Tode den größten Teil seines Astralleibes ab. Nur einen gewissen Extrakt nimmt er als unvergängliche Frucht in sein weiteres Dasein mit. Bei diesem Extrakt handelt es sich um denjenigen Teil des astralischen Leibes, den der Mensch bereits zum Geistselbst umgearbeitet bzw. veredelt hat. Nun gibt es einige sehr hochentwickelte Individualitäten, die bereits ihren *gesamten* astralischen Leib umgestaltet haben.

»Der ganze Astralleib ist dann vergeistigt, ist eben Geistselbst geworden, der ganze Astralleib wird mitgenommen.«[7]

Eine solche Individualität, bei der das der Fall war, war *Buddha*. Nachdem der Bodhisattva zum Buddha wurde, hatte er einen Stand in seiner Entwicklung erreicht, dass er keiner weiteren Verkörperungen mehr bedurfte. Allerdings ist es nicht so, dass ein solches Wesen sich ganz vom Erdendasein zurückzöge. Es nimmt zwar keinen physischen Leib mehr an, kann aber einen anderen Leib – etwa einen astralischen – annehmen und so in die Welt hereinwirken.

»Und die Art, wie es hereinwirkt, nachdem es selbst seine letzte ihm gehörende Inkarnation durchgemacht hat, kann die folgende sein.

Ein gewöhnlicher Mensch, der aus physischem Leib, Ätherleib, Astralleib und Ich besteht, kann sozusagen von einem solchen Wesen durchdrungen werden. Es kann sich ein solches Wesen, das nicht mehr bis zu einem physischen Leibe heruntersteigt, aber noch einen astralischen Leib hat, hineingliedern in den astralischen Leib eines anderen Menschen. Dann wirkt es in einem solchen Erdenmenschen. Dann kann dieser Mensch eine wichtige Persönlichkeit werden, denn in ihm wirken jetzt die Kräfte einer solchen Wesenheit, welche schon ihre letzte Inkarnation auf der Erde durchgemacht hat.

So verbindet sich eine solche astralische Wesenheit mit der astralischen Wesenheit irgendeines Menschen auf der Erde. In der kompliziertesten Art kann eine solche Verbindung geschehen.«[8]

Als das nathanische Jesuskind geboren wurde, wurde sein Astralleib von dem zum Geistselbst veredelten Astralleib des Buddha überstrahlt. Man könnte auch sagen, dass sich der astralische Leib des Buddha mit dem des nathanischen Knaben verbunden hatte, so dass in dem Astralleib dieses Kindes die Kräfte wirkten, welche jener Bodhisattva erworben hatte, der dann Gautama Buddha wurde.

Nun können wir auch ein Verständnis für dasjenige gewinnen, was Lukas im 2. Kapitel über die Begegnung mit dem alten Simeon im Tempel und über die Erscheinung, die den Hirten auf dem Feld zuteilwurde, schreibt.

3.1.2.1   Die Darbringung des Jesuskindes im Tempel

Der Buddha war also von Beginn an verbunden mit dem nathanischen Jesusknaben, in dessen astralischer Aura er gefunden werden konnte. Das wird an einer Stelle im Lukas-Evangelium tiefsinnig angedeutet. Es geht um die sogenannte »Darbringung« Jesu im Tempel.

Vierzig Tage nach der Geburt Jesu waren die Tage der Reinigung erfüllt. Nach jüdischem Gesetz galt eine Mutter nach der Geburt eines Sohnes vierzig und nach der Geburt einer Tochter achtzig Tage als »unrein«. Nach Ablauf dieser Tage musste sie als »Reinigungsopfer« einem Priester im Tempel ein Paar Turteltauben oder zwei junge Tauben übergeben. Wohlhabende Eltern mussten ein einjähriges Widderlamm stiften. Durch die Einnahmen aus dem Verkauf der Opfertiere wurde der Tempelbetrieb ganz wesentlich bestritten. Da Jesus Marias erstgeborener Sohn war, wurde er nach jüdischer Tradition als Eigentum Gottes angesehen. Daher musste Maria ihn zudem im Tempel symbolisch übergeben bzw. »darbringen«, wo er durch ein Geldopfer ausgelöst werden konnte. Als Maria und Joseph den Jesusknaben gerade in den Tempel hineintrugen, um zu der rituellen Handlung zu schreiten, trat ein alter Mann namens Simeon heran. Dieser fromme und gerechte Mann hatte die Weissagung empfangen, dass er nicht eher sterben werde, bis er den Gesalbten des Herrn erblickt habe. Als dieser das Kind sah, war er ganz entzückt, nahm es auf seine Arme und pries Gott mit den Worten:

> *»Nun entlässest du, o Gebieter, deinen Knecht in Frieden, wie du es verheißen. Denn meine Augen haben dein Heil gesehen, das du bereitet hast vor dem Angesicht aller Völker, ein Licht zur Offenbarung für die Heidenvölker und zur Verklärung deines Volkes Israel.«*
>
> (Lukas 2, 29ff.)

In einer anderen Übersetzung lautet der 29. Vers:
»Nun lässest du, Herr, deinen Diener in Frieden fahren, denn ich habe meinen Meister gesehen.«
Dann segnete Simeon Jesu Eltern, die über das, was er sagte, sehr verwundert waren. Nachdem die Eltern alles nach dem jüdischen Gesetz vollbracht hatten, kehrten sie nach Nazareth zurück.

Man kann sich fragen, *wen* der alte Simeon in dem Jesusknaben erblickte, *für wen* er ihn hielt. Um dieses Geheimnis verstehen zu können, muss etwas weiter ausgeholt werden. Lassen wir wieder den großen Eingeweihten Rudolf Steiner zu Wort kommen:
»Es wird erzählt in der indischen Legende, dass es gab einen merkwürdigen Weisen zur Zeit, als der Königssohn Gautama Buddha geboren wurde, der der Buddha werden sollte. Da lebte Asita. Der hatte erfahren, durch seine hellseherischen Fähigkeiten, dass jetzt der Bodhisattva geboren worden sei. Er sah sich den Knaben an im Königsschlosse und war voller Enthusiasmus. Er fing an zu weinen. Warum weinest du?, fragt ihn der König. O König, es steht nichts bevor von Unglück etwa, im Gegenteil: Derjenige, der da geboren worden ist, der ist der Bodhisattva und wird der Buddha werden. Ich weine, weil ich als alter Mann nicht mehr erleben kann, diesen Buddha zu schauen.

Dann stirbt Asita. Der Bodhisattva wird zum Buddha. Der Buddha steigt herab und vereinigt sich mit der Aura des nazarenischen Jesusknaben, um sein Scherflein beizutragen zu dem großen Ereignis in Palästina.

Zur selben Zeit wird durch eine karmische Verknüpfung wiedergeboren der alte Asita. Er wird der alte Simeon. Und dieser sieht jetzt den Buddha, der dieses aus einem Bodhisattva geworden war. Was er damals in Indien, sechshundert Jahre vor unserer Zeitrechnung, nicht hat sehen können, das Buddhawerden, jetzt sah er es, als in der Aura des nazarenischen Jesusknaben, den er auf seinen Armen hält, der Buddha schwebte, und jetzt sagte er das schöne Wort: ›Nun lässest du, Herr, deinen Diener in Frieden fahren, denn ich habe meinen Meister gesehen‹, den Buddha in der Aura des Jesusknaben.«[9]

Es ist also nicht so – wie man im exoterischen Christentum glaubt –, dass Simeon in dem Kind Gott oder Christus erkannt hätte. Vielmehr nahm er in der Aura des nathanischen Jesusknaben den Buddha wahr.

3.1.2.2   Die ›himmlischen Heerscharen‹ bei den Hirten

Dann berichtet Lukas von einem weiteren wichtigen Geschehnis, das sich schon zuvor, kurz nach der Geburt des nathanischen Knaben ereignet hatte. Als Hirten gerade bei ihrer Herde Nachtwache hielten, wurden sie für einen Augenblick hellsichtig. So vermochten sie es, zunächst einen Engel des Herrn wahrzunehmen, der zu ihnen trat. Dieser verkündete, dass ihnen heute der Heilsbringer in der Stadt Davids geboren worden sei und dass sie das Kind in Windeln gewickelt in einer Krippe finden können. Dann heißt es weiter:

> *»Und plötzlich war bei dem Engel die Menge der himmlischen Heerscharen, die Gott priesen mit den Worten:*
> *Geoffenbaret sei Gott in den Höhen*
> *und auf Erden Frieden den Menschen,*
> *die eines guten Willens sind.«*
>
> (Lukas 2, 13f.)

Wer waren diese himmlischen Heerscharen? Es war kein anderer als der verklärte Buddha, der in astralischer Gestalt den Hirten im Bilde erschienen ist.

»Was hier den Hirten im Bilde entgegentrat, das war der verklärte Buddha, der Bodhisattva der alten Zeiten, dasjenige Wesen in seiner geistigen Gestalt, das durch Jahrtausende und Jahrtausende den Menschen die Botschaft der Liebe und des Mitleides gebracht hatte. Jetzt, nachdem es seine letzte Inkarnation auf der Erde hinter sich hatte, schwebte es in geistigen Höhen und erschien in Himmelshöhen den Hirten neben dem Engel, der ihnen das Ereignis von Palästina vorherverkündete. So lehrt uns die geistige Forschung. Sie zeigt uns schwebend über den Hirten den verklärten Bodhisattva aus den alten Zeiten. Ja, es war so gekommen – das lehrt uns die Akasha-Forschung –, dass in Palästina in der ›Stadt Davids‹ von einem Elternpaare, das aus der priesterlichen Linie des Hauses David stammte, ein Kind geboren wurde. [...]

Dieses Kind war dazu ausersehen, dass es überleuchtet und durchkraftet wurde von seiner Geburt an von dem, was von dem Buddha ausstrahlen konnte, nachdem er in Geisteshöhen erhoben worden war. So blicken wir mit den Hirten hin auf die Krippe, wo der Jesus von Nazareth, wie man ihn gewöhnlich nennt, geboren worden ist; wir blicken hin und sehen über dem Kindlein den Glorienschein von Anfang an und wissen, dass in diesem Bilde sich ausdrückt die Kraft des Bodhisattva, der der Buddha geworden ist, die Kraft, welche vordem den Menschen zugeströmt ist und welche jetzt von den geistigen Höhen aus auf die Menschheit wirkte und die größte Tat entfaltete, als sie das bethlehemitische Kindlein überstrahlte, damit es sich in der entsprechenden Weise einreihen konnte in die Menschheitsentwickelung.«[10]

Dass auch Buddha notwendigerweise zu den Vorläufern Christi und den Vorbereitern der Erdenmission des Gottessohnes gehörte, mag für viele sehr überraschend sein.

Am Ende des 2. Kapitels schildert Lukas noch von einer äußerst wichtigen Begebenheit, die den nathanischen Jesus betrifft. Darauf werden wir an späterer Stelle ausführlich zu sprechen kommen (☞ Kapitel 4, S. 75ff.).

3.1.3 Die Mutter des nathanischen Jesus

Das, was in dem nathanischen Jesus als eine junge Seele wirken sollte, musste von einer ganz jungen Mutter geboren werden. Im Hebräischen hätte man dafür das Wort »Alma« gebraucht.[11] Maria, die Mutter dieses Knaben, war etwa fünfzehn Jahre alt, als sie ihn gebar. Nach der Rückkehr aus Bethlehem wohnte das Elternpaar mit dem Jesus, der ihr einziges Kind bleiben sollte, wieder in Nazareth.

Im konfessionellen Christentum wird gelehrt, dass Jesus von der Maria jungfräulich bzw. unbefleckt, also ohne einen menschlichen Zeugungsakt, empfangen worden sei. Somit wird Joseph als »Ziehvater« und nicht als *leiblicher* Vater betrachtet. Da es in der damaligen Zeit freilich noch keine *künstliche* Befruchtung gab, wäre eine Befruchtung ohne einen Zeugungsakt ein Wunder gewesen. Es wäre etwas gewesen, das die von den Göttern gegebenen Gesetze durchbrochen hätte. Die Götter hätten also verleugnet, was sie selbst als ein naturnotwendiges Gesetz in die Welt gebracht haben. So komplex und selbst für einen hohen Eingeweihten schwer verständlich oder gar unerforschlich vieles im Weltenprozess auch sein mag, es gibt für alles eine Erklärung, die von begnadeten Menschen gefunden werden kann, wenn es an der Zeit ist. Das, was man häufig als »Wunder« bezeichnet, so außergewöhnlich diese auch erscheinen mögen, durchbricht niemals die Ordnung der Naturgesetze. Rudolf Steiner sagte dazu:

»Es ist ein Aberglaube, anzunehmen, dass in dem gewöhnlichen Gang der Ereignisse dasjenige, was man als den gesetzmäßigen Zusammenhang erkannt hat, durch ein Wunder durchbrochen werden könne. Warum? Soviel muss geschehen nach notwendigen Regeln, als Vergangenes in den Ereignissen ist. Und würden die Götter in einem Zusammenhang dasjenige durchbrechen, was gesetzmäßig drinnen ist, so würden die Götter lügen; sie würden ableugnen das, was sie vor Zeiten festgestellt haben.«[12]

Um die besonderen Leibesgefäße dieses Jesuswesens zuzubereiten, war eine ganz bestimmte Vererbungslinie notwendig. Nur auf diesem Weg konnte die Leiblichkeit des Jesusknaben aus den Blutszusammenhängen – heute würde man eher von Genen sprechen – seiner Vorfahren die benötigten Kräfte bekommen. Nicht umsonst legte Lukas so viel Wert darauf, diese Abstammungslinie bis hin zu Adam explizit anzugeben. Genau *diese* Vorfahren waren notwendig. Es hätte kein einziger aus dieser Linie durch einen anderen ersetzt werden dürfen. Das war die Wirkung des Heiligen Geistes oder – wie man auch sagen könnte – der weisen göttlichen Weltenlenker. Da die Generationenfolge mit »Joseph« endet, wäre es geradezu absurd zu glauben, dass diese Joseph-Persönlichkeit *nicht* der *leibliche* Vater gewesen wäre!

Auch im Neuen Testament können wir einen zarten Hinweis darauf finden, dass Joseph der leibliche Vater war. Jesus Christus sagte mehrmals, als er über den göttlichen Vater, den Vatergott, sprach: »*Mein Vater, der im Himmel ist*«. Den Zusatz »der im Himmel ist« hätte er wohl nicht gemacht, wenn er nicht noch einen anderen, nämlich seinen leiblichen oder weltlichen Vater gehabt hätte.

Darauf weist auch *Philippus* in Spruch 17 seines apokryphen Evangeliums hin.

»*Einige sagten: ›Maria ist vom heiligen Geist schwanger geworden.‹ Sie sind im Irrtum. Sie wissen nicht, was sie sagen. Wann ist je eine Frau von einer Frau schwanger geworden? Maria ist die Jungfrau, die keine Macht befleckte. [...] Und der Herr hätte nicht gesagt: ›Mein Vater, der im Himmel ist‹, wenn er nicht noch einen anderen Vater gehabt hätte, sondern er hätte einfach gesagt: ›Mein Vater!‹*«

Was nun nicht ganz leicht zu verstehen ist, ist die Tatsache, dass man die Maria, die Mutter des nathanischen Jesus, dennoch mit Fug und Recht als »Jungfrau« bezeichnen darf. Eine Empfängnis kann als *unbefleckt* bezeichnet werden, wenn sie bzw. der unmittelbar vorausgegangene Zeugungsakt unbewusst, also in einer Art Schlafzustand geschieht und somit keine sinnlichen Begierden oder Lustempfindungen beteiligt sind.

Die Vorstellung, dass ein Zeugungsakt unbewusst erfolgen kann, fällt nicht ganz leicht. Heute wäre das auch nicht mehr möglich, sofern man kriminelle Handlungen wie etwa die Verabreichung von gewissen Betäubungsmitteln außen vorlässt. Aber selbst dann könnte der Akt allenfalls für die Frau im Unbewussten bleiben. Dass in unserer Zeit ein Mann einen Zeugungsakt vollzieht, ohne sich dessen bewusst zu werden, ist nahezu unmöglich.

Heute fällt es den Menschen überhaupt schwer, sich vorzustellen, dass es irgendeine Verrichtung im *alltäglichen* Leben geben könnte, derer sie sich nicht voll bewusst sein könnten, die sie nicht mit ihrem Bewusstsein beleuchten und verstehen könnten. Solche Dinge gibt es aber sehr wohl.

So werden wir uns etwa dessen nicht bewusst, was in unserem Körper *genau* geschieht, wenn wir Nahrung zu uns nehmen. Was da im Rahmen des Stoffwechsels alles vollzogen wird, können wir nicht bewusst nachvollziehen und verstehen. Hierbei ist weniger an das zu denken, was dabei physiologisch vor sich geht, sondern an alles das, was sich hierbei im Geistigen vollzieht.

Oder – um ein ganz simples Beispiel zu haben – stellen Sie sich vor, Sie sitzen auf einem Stuhl und wollen eine Tasse, die vor Ihnen auf einem Tisch steht, ergreifen, um daraus zu trinken. Sie haben also die Absicht, den Willensimpuls, die Tasse zu ergreifen, die Sie dann im Bruchteil einer Sekunde später in der Hand halten. Aber alles, was in Ihrem Körper notwendigerweise vorgegangen ist, um schließlich die Tasse in der Hand halten zu können, bleibt unter der Schwelle des Bewusstseins.

»Denn zunächst kann kein Mensch mit dem gewöhnlichen Bewusstsein davon sprechen, dass er eine Einsicht darin hat, wie irgendeine Absicht, einen Gegenstand zu ergreifen, hinunterwirkt in diesen ganzen komplizierten Organismus von Muskeln und Nerven, um Arme und Beine zuletzt zu bewegen. Dasjenige, was da hineinarbeitet in unseren Organismus, vom Gedanken ausgehend bis zu dem Augenblick, wo wir wieder den Gegenstand gehoben sehen, ist in völliges Dunkel gehüllt. Aber es wirkt ein unbestimmter Impuls in uns zurück, herauf, der uns sagt: Ich will das.« [13]

Der Mensch ist eigentlich nur in seiner Sinnestätigkeit und in seinem Vorstellungsleben wach. Wenn es um das Fühlen geht, so ist er in einem traumähnlichen Zustand. Im Wollen schläft er.

In der okkulten Sprache der Bibel wird ein Zeugungsakt, der zu einer Befruchtung führt, immer mit dem Verb »erkennen« umschrieben. Es heißt dann stets: »Er *erkannte* sie« bzw. »Sie *erkannte* ihn«.

»Lesen Sie in der Bibel, was es heißt: ›Adam erkannte sein Weib‹ oder dieser oder jener der Patriarchen ›erkannte sein Weib‹. Sie brauchen nicht weit zu gehen, um es dahin zu verstehen, dass damit gemeint ist die Befruchtung [...]«[14]

Betrachten wir dazu zwei Beispiele:

> »Und Adam _erkannte_ sein Weib Eva, und sie ward schwanger und gebar den Kain [...].«

(1. Mose 4, 1)

> »Adam _erkannte_ abermals sein Weib, und sie gebar einen Sohn, den hieß sie Seth[...]«

(1. Mose 4, 25)

Nun gehörte zu den Verrichtungen, die im Unbewussten verlaufen, in früheren Zeiten auch der menschliche Zeugungsakt. So war das noch während der ganzen atlantischen Zeit üblich und _vereinzelt_ auch noch später bis zur Zeitenwende _möglich_. Wenn das in der Heiligen Schrift explizit zum Ausdruck gebracht werden sollte, so haben die Schreiber den entsprechenden Passus negiert, also etwa: »Sie erkannte ihn _nicht_« oder auch »Sie weiß _nicht_ von einem Mann«

So formuliert das auch Lukas. Als der Erzengel Gabriel der Maria erscheint und ihr die Geburt Jesu verkündet, sagt Maria gemäß den üblichen Übersetzungen:

> »Wie soll das geschehen, da ich doch von einem Mann nichts weiß?«

(Lukas 1, 34)

Emil Bock übersetzte diesen Vers so:
> »Wie ist das möglich, habe ich doch nie einen Mann _erkannt_?«

Das ist ein deutlicher Hinweis darauf, dass Maria sich des Zeugungsaktes nicht bewusst war. Dieser erfolgte in einer Art Schlafzustand, der dem Bewusstsein entspricht, das die _Pflanzen_ haben. Interessanterweise spricht man ja auch heute noch von »Fort_pflanz_ung« und nicht etwa von »Fort_tier_ung« oder »Fort_mensch_ung«. Das scheint ein deutlicher Hinweis darauf zu sein, dass der menschliche

Zeugungsakt in früheren Zeiten in einem Bewusstseinszustand erfolgte, den die Pflanzen haben. Auch die Tatsache, dass bis heute der Ausdruck »miteinander *schlafen*« benutzt wird, zeugt noch von einem verschütteten Wissen, dass die menschliche Fortpflanzung früher in einem Schlafzustand vollzogen wurde. Aus der Formulierung *»Heiliger Geist wird über dich kommen, und die Kraft des Höchsten wird dich überschatten«*[15], die Lukas wählt, kann man sogar schließen, dass sich bei Maria und Joseph nicht nur der eigentliche Zeugungsakt, sondern auch die Absicht, einen solchen zu vollziehen, im Unbewussten abspielte. In jedem Fall waren beim Zeugungsakt des nathanischen Jesusknaben bei der Maria keine sinnlichen Begierden, Lustgefühle oder dergleichen beteiligt. Man kann also diese Mutter als »geistig-seelische Jungfrau« bezeichnen. Diese Erkenntnis nimmt der Mutter des nathanischen Jesus nichts von ihrer Verehrungswürdigkeit.

Es ist im Grunde nicht verwunderlich, wenn diejenigen, die an eine jungfräuliche Geburt im *naiv-wörtlichen* Sinne glauben, verspottet und ausgelacht werden. Es ist allerdings einfach, sich über etwas lustig zu machen, das man nicht versteht. Würden die Spötter aber die tiefen Hintergründe kennen, würde ihnen das Lachen vergehen...

3.2 Der salomonische Jesusknabe

Kommen wir nun zu dem anderen Jesusknaben, dem salomonischen, von dem Matthäus schildert.

Zur Erinnerung: Es ist dasjenige Jesuskind, das in einem Haus zur Welt kam. Seine Eltern, Joseph und Maria, waren in Bethlehem daheim. Aus seiner Kindheit wird im Evangelium berichtet, dass seine Eltern mit ihm nach Ägypten fliehen mussten, weil König Herodes das Kind suchen und töten lassen wollte.

3.2.1 Der Besuch der Weisen aus dem Morgenland

Ein ganz besonders wichtiges Ereignis, über das Matthäus schreibt, dürfte jedem Christen bestens bekannt sein. Es geht dabei um die Weisen bzw. Sternenkundigen aus dem Morgenland, die das Kindlein aufsuchen. Wenn man den griechischen Text des Matthäus-Evangeliums korrekt übersetzt, müsste man eigentlich von den »Magiern von Osten« sprechen. Bei Matthäus heißt es:

»Nachdem Jesus geboren war zu Bethlehem in Judäa in der Zeit des Königs Herodes, siehe, da kamen Priesterweise aus dem Morgenlande nach Jerusalem. Die sprachen: Wo ist er, der geboren wurde als König der Juden? Haben wir doch seinen Stern aufgehen sehen und sind gekommen, ihm zu huldigen.

Als König Herodes das hörte, erschrak er und mit ihm ganz Jerusalem. Er ließ alle Hohenpriester und Schriftgelehrten des Volkes zusammenkommen und erkundigte sich bei ihnen, wo der Messias geboren werde. Sie sagten ihm:

Zu Bethlehem in Judäa; denn so steht es geschrieben durch den Propheten:

›Und du Bethlehem im Lande Judäa, nicht die geringste bist du unter den Fürstenstädten Judas; denn aus dir wird der Fürst hervorgehen, der als Hirte mein Volk Israel leiten wird.‹

Darauf berief Herodes heimlich die Priesterweisen und ließ sich von ihnen genau die Zeit angeben, wann der Stern erschienen war. Dann sandte er sie nach Bethlehem und sagte: Geht und forscht gründlich nach dem Kinde; sobald ihr es gefunden habt, erstattet mir Bericht, damit auch ich hingehen und ihm huldige. Als sie das von dem König gehört hatten, machten sie sich auf den Weg.

Und siehe, der Stern, den sie im Aufgehen gesehen hatten, zog vor ihnen her, bis er über dem Ort ankam und stehenblieb, wo das Kind war.

Als sie den Stern erschauten, erfüllte sie übermächtige Freude. Sie traten in das Haus ein, sahen das Kind mit Maria, seiner Mutter, fielen vor ihm nieder und huldigten ihm; und sie öffneten ihre Schatzkästen und brachten ihm als Geschenke dar, Gold, Weihrauch und Myrrhe.«

(Matthäus 2, 1ff.)

Die Magier kannten den Zeitpunkt der Geburt, nicht aber den Ort. Diesen erfuhren sie erst durch die Hohenpriester und Schriftgelehrten, die Herodes zu sich kommen ließ. Diese kannten den Ort, aber nicht die Zeit.

3.2.2 Das Ich des salomonischen Jesus

Eine Frage müsste sich doch geradezu aufdrängen, wenn man bei Matthäus die Schilderung von den Magiern liest:

Welchen Sinn kann man eigentlich damit verbinden, dass die Magier bzw. Weisen oder Sternenkundigen aus dem *Morgenland* eine so weite Wegstrecke, für die sie vermutlich mehrere Wochen benötigten, auf sich nahmen, um einem neugeborenen Kind, dem von den *Juden* erwarteten Messias, ihre Ehrerbietung zu erweisen? Was hatten diese Persönlichkeiten für ein Interesse daran, einen möglichen späteren König eines gänzlich anderen Landstriches aufzusuchen?

Die Antwort erhalten wir von Rudolf Steiner.

Das Ich, das sich in den salomonischen Jesusknaben einsenkte, also der unsterbliche geistig-seelische Wesenskern, der von Inkarnation zu Inkarnation schreitet, war das des *Zarathustra*.

»Ich möchte ausdrücklich betonen, dass ich von Zarathustra als von einem Wesen spreche, welches schon die Griechen in die Zeit fünftausend Jahre vor dem Trojanischen Krieg versetzten, das also nichts zu tun hat mit dem, was die äußere Geschichte als Zarathustra bezeichnet, und auch nichts mit dem, was in der Zeit des Darius als Zarathustra erwähnt wird.«[16]

Das Jesuskind, von dem Matthäus schildert, war der *wiedergeborene* Zarathustra, der auch zu den Bodhisattvas zählt und der die urpersische Kultur begründete und inspirierte. Schon in seiner Verkörperung als Zarathustra war er ein hoher Eingeweihter und Religionslehrer. Er sprach auch von dem großen Sonnengott *Ahura Mazdao*, der eines Tages als Mensch auf die Erde kommen werde, und seinem großen Gegenspieler *Ahriman*.

»So eröffnete Zarathustra jenen Weg, den wir öfter besprochen haben, auf dem die Völker einsehen sollten, dass in dem äußeren

Sonnenlichtleib nur gegeben ist der äußere Leib eines hohen geistigen Wesens, welches er, im Gegensatz zu der kleinen menschlichen Aura, die ›Große Aura‹, Ahura Mazdao nannte. Er wollte damit andeuten, dass dieses zwar jetzt noch weit entfernte Wesen einstmals heruntersteigen würde auf die Erde, um innerhalb der Menschheitsgeschichte sich substantiell mit der Erde zu vereinigen und im Menschheitswerden weiter zu wirken. Damit wurde für diese Menschen von Zarathustra auf dieselbe Wesenheit hingewiesen, die später in der Geschichte als der Christus lebte.«[17]

Zarathustra lehrte seine Schüler auch die Zeichen, die am Himmel erscheinen müssten, wenn der Sonnengott, der Christus, auf die Erde hinabsteigen würde. Eine so hohe Individualität wie der Zarathustra ist durch seine fortgeschrittene Ich-Entwicklung zu Großem berufen.

»Das Ich des Zarathustra inkarnierte sich in anderen Persönlichkeiten immer wieder. [...] So wurde auch Zarathustra wiedergeboren und erschien im alten Chaldäa als Zarathas oder Nazarathos.«[18]

In seiner Inkarnation als *Zarathas*, die etwa 600 Jahre vor seiner Jesus-Verkörperung stattfand, wurde er der Lehrer von *Pythagoras* und den chaldäischen Weisen und Magiern. Insbesondere die weisesten der hebräischen Geheimschüler kamen mit ihm in Berührung. Auch einige der Propheten des Alten Testaments standen unter seinem Einfluss. Die nächsten sechs Jahrhunderte waren für die Geheimschulen erfüllt von den Lehren, Traditionen und Kulten, die von Zarathustra in seiner Verkörperung als Zarathas herrührten. Der große Meister wurde von den folgenden Generationen der Geheimschüler auf das Höchste verehrt. Man wartete sehnsüchtig darauf, dass ihr großer Lehrer und Führer wieder auf der Erde erscheinen werde.

Als dann die Zeit kam, dass alles für die nächste Inkarnation ihres Meisters bereitet war, da machten sich die drei Abgesandten, die wir als die Weisen, Sternenkundigen oder Magier aus dem Morgenland kennen, auf den Weg zur Geburtsstätte.

»Sie wussten, dass der verehrte Name des Zarathustra selber wie ihr Stern sie führen würde nach jenem Orte, wo die Wiederinkarnation des Zarathustra stattfinden sollte. Es war die Wesenheit des großen Lehrers selber, die als der ›Stern‹ die drei Magier hinführte zur Geburtsstätte des salomonischen Jesus des Matthäus-Evangeliums. –

Auch das ist ja selbst äußerlich philologisch zu belegen, dass in der Tat das Wort ›Stern‹ als Name für menschliche Individualität in alten Zeiten gebraucht worden ist. [...] Daraus könnte sich schon manchem ergeben, dass unter dem Stern, der die Weisen führte, Zarathustra selbst zu verstehen ist.«[19]

Nachdem sie dann das Jesuskind, also ihren reinkarnierten Meister, in dem besagten Haus gefunden hatten, legten sie ihm die alten Weisheitsschätze in Form von Weihrauch, Gold und Myrrhe zu Füßen. Gold ist das Symbolum für das Denken, Weihrauch für das Fühlen und Myrrhe für die Kraft des Wollens. Damit waren die drei menschlichen Seelenkräfte umfasst.

Damit »wiesen sie gleichsam darauf hin, wie das, was als Kulturkeime in diesen Zeiträumen gewirkt hat, nur dadurch für die Menschheit gerettet werden kann, wenn es durchzogen wird von der Christus-Kraft, die einmal dieses Kindlein beseelen wird.«[20]

Die Individualität des Zarathustra, die auch in vielen anderen Verkörperungen Großartiges bewirkt hat, darf man sicher als eine der vollkommensten und erhabensten menschlichen Individualitäten der Weltgeschichte bezeichnen. Diese Individualität wurde also nun in dem salomonischen Jesusknaben wiedergeboren.

Diese Inkarnation einer so hochstehenden Individualität brauchte natürlich einen möglichst vollkommenen physischen Leib mit all den Eigenschaften die er für seine Mission benötigte.

»Wenn aber der physische Leib eines Menschen in dieser Weise vollkommen werden soll, wenn er so brauchbar werden soll, wie er für Zarathustra brauchbar sein sollte, dann durfte nicht bloß der physische Leib des Menschen vollkommener werden. Es ist natürlich unmöglich, dass für sich allein, herausgerissen aus dem ganzen Menschen, nur der physische Leib des Menschen vollkommen werde. Es mussten alle drei Hüllen nach und nach sich vervollkommnen durch physische Vererbung. Was also dem physischen Menschen, dem ätherischen und dem astralischen Menschen auf dem Wege durch die physische Vererbung gegeben werden kann, das musste ihm gegeben werden in den aufeinanderfolgenden Generationen.«[21]

Nur mehr am Rande sei noch erwähnt, dass die Magier aus dem Morgenland volkstümlich seit Jahrhunderten als die *»drei heiligen Könige«* bezeichnet werden. Es lässt sich aus dem Evangelium *nicht* ableiten, dass es *genau drei* Persönlichkeiten waren, die dem Jesuskind huldigten. Man geht von dieser Dreizahl aus, da drei Gaben dargebracht wurden. Es darf als sehr wahrscheinlich betrachtet werden, dass die ›Reisegruppe‹, die sich auf den Weg nach Palästina begab, aus deutlich mehr Persönlichkeiten bestanden hat, deren Repräsentanten oder Führer diese drei waren, die in der Westkirche unter den Namen *Kaspar, Melchior* und *Balthasar* bekannt sind.

»Heute möchte ich sprechen über ein Fest, das für die neueren Völker weniger Bedeutung zu haben scheint als das Weihnachtsfest, über das Fest der heiligen drei Könige – das am 6. Januar gefeiert wird – über das Fest der Magier, die aus dem Morgenlande kommen und den eben geborenen Jesus begrüßen. Dieses Fest der Epiphanie wird immer mehr Bedeutung gewinnen, wenn man wiederum die wahre, tatsächliche Symbolik dieses Festes verstehen wird. Wir haben es da mit etwas Wichtigem zu tun. Das können Sie schon daraus ersehen, dass eine sehr ausgebildete Symbolik diesem Feste der drei Magier aus dem Morgenlande zugrunde liegt. Es wurde diese Symbolik – wie alle Mysterien – sehr geheim gehalten bis ins 15. Jahrhundert hinein, und bis dahin hat man auch keine besonderen Andeutungen gemacht.

Vom 15. Jahrhundert ab wird aber einiges Licht auf dieses Fest der Magier aus dem Morgenlande geworfen, dadurch dass esoterische Abbildungen erscheinen, welche die heiligen drei Könige darstellen als einen Mohren, einen Bewohner Afrikas – das ist der Kaspar; dann einen Weißen, einen Europäer – das ist der Melchior; und einen entschieden asiatischen König, der die Hautfarbe der Bewohner Indiens hat – das ist der Balthasar. Sie bringen Gold, Weihrauch und Myrrhen dem Jesuskindlein in Bethlehem als ihre Opfergaben dar.«[22]

3.2.3 Eigenschaften und besondere Fähigkeiten des salomonischen Jesusknaben

Wenn man bedenkt, ein wie hoch entwickeltes Ich in den salomonischen Jesus eingezogen ist, so ist auch keineswegs verwunderlich, dass dieser Jesusknabe ein in höchstem Maße frühreifes und überaus kluges Kind war. Dadurch, dass sein Ich bereits solche Inkarnationen durchgemacht hatte, hatte er die Fähigkeit, leicht ein Verständnis zu finden für alles, was in seiner Umgebung als Errungenschaften dessen vorhanden war, was sich die Menschheit in der fortlaufenden Kultur erobert hatte. Dieser Knabe nahm alles mit einer großen inneren Genialität auf, was an Wissen in der Menschheit verfügbar war. Er erwies sich in höchstem Maße begabt für alles, was die Menschheitskultur bis dahin an schulmäßig Erlernbarem hervorgebracht hatte. Heute würde man von einem »hochbegabten Kind« sprechen. Dadurch unterschied er sich radikal von dem anderen Jesusknaben, dem aus der nathanischen Linie.

Nach der Rückkehr aus Ägypten ließen sich die Eltern, die ursprünglich in Bethlehem zu Hause waren, mit dem kleinen Jesus in Nazareth nieder. Hier bekamen sie noch sechs weitere Kinder. Der salomonische Jesus hatte also sechs Geschwister, vier Brüder (*Simon, Judas, Joseph* und *Jakobus*) sowie zwei Schwestern, deren Namen nicht verlässlich überliefert sind. Jetzt wohnten also beide Jesus-Familien in Nazareth in unmittelbarer Nachbarschaft und unter freundschaftlichen Beziehungen. Nun lebte der Jesus, welcher der wiederverkörperte Zarathustra war, in der Nähe desjenigen Jesusknaben, der die andere Strömung, den Buddhismus darstellte. So wurden im Konkreten die beiden Weltanschauungen zusammengeführt. Beide Knaben wuchsen heran und entwickelten sich bis zu ihrem ungefähr zwölften Lebensjahr.

Man könnte abschließend vielleicht noch fragen, warum die Eltern des *nathanischen* Jesusknaben nicht mit ihm geflohen sind, um dem von Herodes angeordneten Kindermord zu entgehen. Zumindest schreibt Lukas nichts darüber. Nun, wie wir von Rudolf Steiner wissen, wurde dieser Knabe einige Monate später geboren als der, von dem Matthäus schildert. Als er zur Welt kam, waren diese Gräueltaten schon vorbei, so dass für ihn nicht mehr die Gefahr bestand, getötet zu werden. Folglich gab es auch keine Notwendigkeit zu fliehen.

»Denken Sie sich, dass der Jesus des Matthäus-Evangeliums nach Ägypten geführt wird von seinen Eltern und dass kurz vorher oder zu gleicher Zeit der Johannes geboren wird. Der bleibt nach der gewöhnlichen Anschauung in Palästina, wo ihn doch eigentlich das hätte treffen müssen, was Herodes verhängt hat. Er hätte also eigentlich durch die Mordtat des Herodes sterben müssen und nicht da sein können. Sie sehen, dass man über alle diese Dinge wirklich nachdenken muss. Denn wenn damals wirklich alle Kinder getötet worden sind, die in den ersten zwei Lebensjahren waren, so hätte der Johannes mitgetötet werden müssen.

Sie werden es aber erklärlich finden, wenn Sie die Tatsachen der Akasha-Chronik nehmen und sich klar sind, dass die Geschehnisse des Matthäus-Evangeliums und des Lukas-Evangeliums nicht in die gleiche Zeit fallen, so dass die Geburt des nathanischen Jesus nicht mehr in die Zeit des bethlehemitischen Kindermordes fällt. Und ebenso ist es mit dem Johannes. Obwohl nur Monate dazwischen sind, so genügen sie doch, um diese Tatsachen möglich zu machen.«[23]

Einige Monate voneinander geschieden also lagen die Geburten der beiden Jesusknaben. Aber sowohl der Jesus des Lukas-Evangeliums wie auch der Johannes waren um so viel später geboren, dass sie der sogenannte »bethlehemitische Kindermord« nicht treffen konnte.

3.2.4 Die Mutter des salomonischen Jesus

Selbstverständlich wurde auch dieser Jesusknabe von seinen Eltern gezeugt. Dass Joseph der leibliche Vater war, kann man im Grunde schon daraus ableiten, dass auch Matthäus einen so großen Wert darauf legte, die Vorfahren Jesu, beginnend bei Abraham, anzugeben. Das wäre völlig sinnlos, wenn Joseph nicht sein leiblicher Vater gewesen wäre.

Fragen wir uns zunächst, ob man dennoch die Empfängnis im gleichen Sinne, wie das bei der Maria des nathanischen Jesusknaben der Fall war, als »jungfräulich« bezeichnen kann. Diese Frage kann bejaht werden. Matthäus schildert nämlich:

> *Die Geburt des Jesus Christus geschah so: Als seine Mutter Maria mit Joseph verlobt war, fand es sich, ehe sie zusammen-*

zogen, dass sie schwanger war unter dem Walten des Heiligen Geistes.«

(Matthäus, 1, 18)

Die Formulierung »unter dem Walten des Heiligen Geistes« deutet darauf hin, dass der Zeugungsakt unbewusst erfolgte. Auch die Eltern dieses Jesusknaben befanden sich bei seiner Zeugung in einem schlafähnlichen Bewusstseinszustand. Die Maria des salomonischen Jesusknaben war ebenfalls noch sehr jung, als sie ihn gebar. Sie war vierzehn oder fünfzehn Jahre alt. Dass ein Mädchen schon so jung Mutter wird, war früher nicht ganz so ungewöhnlich. Auch heute kommt das etwa in arabischen Ländern noch durchaus öfters vor. Joseph hingegen war schon deutlich älter.

Joseph war sich natürlich genau wie Maria des Beischlafes nicht bewusst. Er musste somit davon ausgehen, dass sie von einem anderen Mann geschwängert wurde. In einer apokryphen Schrift, dem *»Protevangelium des Jakobus«*, wird im Abschnitt *»Nach der Rückkehr Josephs«* geschildert, wie Joseph, den das natürlich sehr entsetzte, hin und hergerissen war und zunächst nicht wusste, wie er sich entscheiden sollte. Dann sagte er sich:

»Wenn ich ihre Sünde verberge, dann stehe ich da als einer, der gegen das Gesetz des Herrn streitet, und andererseits, wenn ich sie, Maria, den Kindern Israels anzeige, dann muss ich befürchten, dass das, was in ihr ist, vielleicht von Engeln stammt und ich als einer dastehen werde, der unschuldig Blut der Verurteilung zum Tod ausliefert. Was soll ich mit ihr anfangen? Ich werde sie in aller Stille fortschicken von mir.«

Matthäus formulierte das sehr kurz:

»Joseph, ihr Mann, der als Gerechter lebte und ihr Geheimnis nicht dem Gerede preisgeben wollte, beschloss, sie in Stille zu entlassen.«

(Matthäus 1, 19)

Joseph hatte sich also dazu durchgerungen, Maria in Stille zu entlassen. Hätte er sie angezeigt, so wäre Maria nach jüdischem Gesetz gesteinigt worden. Eine Steinigung führte im Normalfall zum Tod. Er besaß aber die Größe, Stillschweigen zu bewahren und sie ohne Aufhebens zu entlassen. Dann wäre sie vermutlich wieder von ihrer Familie aufgenommen worden und wäre wohl einer Bestrafung entgangen. So war also Josephs großmütiger Plan.

Als er noch über dieses Vorhaben nachdachte, erschien ihm der Engel des Herrn ›im Traum‹ und erteilte ihm Anweisungen:

> »Als er das bei sich erwog, siehe, da erschien ihm ein Engel des Herrn im Traum und sprach: Joseph, Sohn Davids, scheue dich nicht, Maria, deine Frau, zu dir zu nehmen, denn das Kind, das sie erwartet, ist unter dem Walten des Heiligen Geistes empfangen. Sie wird einen Sohn gebären, und du sollst ihm den Namen Jesus geben.«
>
> (Matthäus 1, 20f.)

Es war natürlich kein Traum im heutigen Sinne des Wortes. Vielmehr ging Joseph in sich und meditierte über seinen Plan. In diesem Zustand war es ihm dann möglich, den Engel imaginativ, also hellsichtig, wahrzunehmen und seine Stimme inspirativ zu hören. Nachdem diese Geistesschau vorüber war, änderte Joseph seine Entscheidung und nahm Maria zu sich, wie ihm der Engel gesagt hatte.

> »Als Joseph aus dem Schlaf erwachte, tat er, wie ihn der Engel des Herrn geboten hatte, und nahm seine Frau zu sich; und erkannte sie nicht, bis sie einen Sohn gebar, und gab ihm den Namen Jesus.«
>
> (Matthäus 1, 24f.)

Kapitel 4

Jesus von Nazareth

N un ergeben sich einige sehr spannende Fragen: Wie ging es mit diesen beiden Jesusknaben weiter? Welcher ist oder wird derjenige, den man den »Jesus von Nazareth« nennt und der schließlich zum Träger des Christus wird?

4.1 Die ›Verschmelzung‹ der beiden Jesusknaben

Ü ber das Leben des jungen Jesus – genauer der beiden jungen Jesuskinder – geben uns die Evangelien keine Auskunft. Mit Ausnahme der Schilderungen, die sich auf die Geburten oder die ersten Monate ihres Erdenlebens beziehen, beginnen die Evangelisten erst wieder über Jesus zu schildern, als dieser in seinem 30. Lebensjahr zum Jordan ging, um sich von Johannes dem Täufer taufen zu lassen.

Es gibt allerdings eine Ausnahme: Lukas erzählt etwas höchst Interessantes über den zwölfjährigen Jesus. Es geht um den Gang der Familie nach Jerusalem zum Passahfest. Nach jüdischem Gesetz mussten alle Juden ab dem dreizehnten Lebensjahr an den drei großen Festtagen des Jahres – Passah, Pfingsten und Laubhüttenfest – in den Tempel nach Jerusalem ziehen. Ausgenommen waren nur Kranke und Greise. Die gemeinsame Wanderung nach Jerusalem war ein Teil des jüdischen Gemeinschaftslebens. Große Familien machten sich gemeinsam auf den Weg. Es waren meistens so viele Verwandte dabei, dass man sich um ein Kind während des Weges keine Sorgen machen musste. Abends lagerte man sich dann im familiären Kreis. Nun schreibt Lukas:

> »Und seine Eltern zogen jedes Jahr zum Passahfeste nach Jerusalem. Als er zwölf Jahre alt geworden war, gingen sie nach der Sitte des Festes mit ihm hinauf. Als sie aber am Ende der Festtage heimkehrten, blieb der Knabe Jesus in Jerusalem

zurück, ohne dass seine Eltern davon wussten. In der Meinung, er sei bei den Reisegefährten, zogen sie eine Tagereise weit und suchten ihn unter den Verwandten und Bekannten. Und als sie ihn nicht fanden, kehrten sie nach Jerusalem zurück und fanden ihn im Tempel. Er saß mitten unter den Lehrern und hörte ihnen zu und richtete Fragen an sie; und alle, die ihn hörten, gerieten außer sich über sein Verständnis und seine Antworten.«

(Lukas 2, 41ff.)

Bis zu diesem Punkt wird jemand, der diese Verse liest und *nicht* über dasjenige spirituelle Hintergrundwissen verfügt, das in diesem Buch zu vermitteln versucht wurde, noch nicht aufmerken. Wir aber wissen jetzt, dass es sich bei dieser Schilderung um den *nathanischen* Jesusknaben handelt, weil sie von Lukas stammt. Und dieser Jesus war ja ein ungebildeter Junge, der weder Interesse noch Verständnis für das zeigte, was das kulturelle und religiöse Leben der damaligen Zeit zu bieten hatte. Wir müssen also sehr wohl verblüfft sein, dass vermeintlich *dieser* Jesusknabe die klügsten Männer Jerusalems mit seinen Fragen und Antworten in höchstes Erstaunen versetzte.

Nun lässt Lukas zwei Verse später einen Satz folgen, in den er ein großes Mysterium der Weltgeschichte hineingeheimnisst. Er sagt, dass Jesu Eltern seine Worte nicht verstanden bzw. dass sie ihn nicht wiedererkannten. Wie könnten Eltern ihren Sohn, den sie seit zwölf Jahren kennen, nicht mehr verstehen oder gar nicht mehr wiedererkennen, obwohl sie nur drei Tage von ihm getrennt waren? Kein *normales* Kind könnte sich in einer so kurzen Zeitspanne derart verändern, dass seine Eltern es nicht mehr verstehen oder wiedererkennen könnten! An dieser Stelle müsste eigentlich jeder Leser aufhorchen. Man kann doch geradezu mit Händen greifen, dass sich hinter dieser Formulierung ein großes Mysterium verbirgt.

Es muss doch etwas Gewaltiges geschehen sein! Was aber ist geschehen? Die Aufklärung konnte Rudolf Steiner durch seine Geistesschau in der unvergänglichen Akasha-Chronik, in die sämtliche Ereignisse der Weltgeschichte eingeschrieben sind und für alle Zeiten eingeschrieben bleiben, finden und uns geben.

Also machen wir uns auf den Weg, dieses Mysterium zu durchdringen.

Wenn man einmal vom Schlaf absieht, so verlässt das Ich eines Menschen erst im Augenblick des Todes die menschliche Organisation, die Leibeshüllen. Zusammen mit dem Astral- und Ätherleib lässt es den physischen Leib als Leichnam zurück und geht in die höheren Welten. Das ist zumindest der absolute Normalfall. Es gibt allerdings auch Ausnahmen.

»Es kommt vor, dass eine Individualität auf einer gewissen Entwickelungsstufe andere Bedingungen braucht, als sie von Anfang an gegeben wurden. Daher kommt es immer wieder vor, dass ein Mensch bis zu einem gewissen Lebensalter heranwächst – und dann auf einmal in Ohnmacht fällt und wie tot ist. Da geht dann eine Umwandlung vor sich; es verlässt ihn sein eigenes Ich und ein anderes Ich nimmt in seiner Körperlichkeit Platz. Eine solche Umlagerung des Ich findet auch in anderen Fällen statt; das ist eine Erscheinung, die jeder Okkultist kennt.«[1]

Bei den zwölfjährigen Jesusknaben war folgendes geschehen:

Dasjenige Ich, das Zarathustra-Ich, das bis dahin den Körper des salomonischen Jesus gebrauchte, um auf die Höhe seiner Zeit kommen zu können, verließ den Körper dieses Jesus und senkte sich in den nathanischen Jesus ein. Der nathanische Jesus hatte ja kein Ich, das sich immer wieder und wieder verkörpert hätte. Daher musste auch nichts ausgestoßen werden, als das Zarathustra-Ich in seine Leibeshüllen überging.[2]

Somit ist auch nachvollziehbar, dass der nathanische Jesus von diesem Augenblick an wie ein ganz anderer, wie ein verwandelter Mensch erschien, so dass seine Eltern ihn nicht wiedererkannten und seine Worte nicht verstehen konnten. Denn jetzt sprach aus dem als wenig gebildet bekannten nathanischen Jesus das weise Zarathustra-Ich, das in ihn übergegangen war und von nun an in ihm lebte und wirkte. Etwas plakativ formuliert könnte man sagen, dass die beiden Jesusknaben miteinander ›verschmolzen‹ wurden. Ja, die Wahrheiten der Welt sind kompliziert!

Dieses Wissen war in einigen esoterischen Kreisen des frühen Christentums durchaus vorhanden, wenngleich es kaum schriftliche Dokumente gibt. Einen zarten Hinweis findet man im apokryphen »Thomas-Evangelium«, das auch als »Ägypter-Evangelium« bezeichnet wird und aus 114 Sprüchen bzw. kurzen Textsequenzen besteht. Im 22. Spruch heißt es:

»[...] dass das Heil in der Welt erscheinen wird, wenn die Zwei Eines und das Äußere wie das Innere werden wird.«

»Dieser Satz ist ein genauer Ausdruck des Tatbestandes [...] Davon hängt das Heil ab, dass die zwei einer werden. Und sie wurden einer, als im zwölften Jahr die Zarathustra-Individualität überging in den nathanischen Jesus, und das Innere wurde äußerlich. Die Seelenkraft des Jesus des Lukas-Evangeliums war etwas gewaltiges Innerliches. Aber dieses Innerliche wurde ein Äußerliches, indem die Zarathustra-Individualität, die an dem Äußeren, an dem physischen Leib und Ätherleib des salomonischen Jesus sich herangebildet hatte, diese Innerlichkeit durchdrang und sie gleichsam mit den Kräften durchsetzte, die am physischen und Ätherleibe herangebildet waren. Da durchdrang diesen physischen Leib und Ätherleib des nathanischen Jesus ein Kräftiges von innen heraus, so dass das Äußere jetzt ein Ausdruck des Inneren werden konnte, jenes Inneren, das früher ein Inneres geblieben war, bevor der Lukas-Jesusknabe von der Zarathustra-Individualität durchdrungen worden war. – So waren die zwei eins geworden.«[3]

Der oben zitierte Spruch aus der apokryphen Schrift wurde in den ersten nachchristlichen Jahrhunderten als sehr ketzerisch angesehen, weil man darüber in kirchlichen Kreisen nicht die Wahrheit hören oder sie nicht aufkommen lassen wollte.[4]

Jetzt wohnte in den drei Leibeshüllen des nathanischen Jesus erstmals ein Ich.

»Ein besonderes Ich, eine Egoität, wie sie ja in der lemurischen Zeit geboren wurde im Menschen, war gar nicht im nazarenischen Jesusknaben. Hätte er sich fortentwickelt, ohne dass der Zarathustra hinübergegangen wäre, so hätte kein Ich geboren werden können. Er hatte, was als heilige drei Glieder, wie sie waren vor dem Sündenfall, zusammengefügt worden war: physischer Leib, Ätherleib und Astralleib, und bekam erst da die Begabung mit dem Ich durch den Zarathustra. Das alles gliederte sich in wunderbarer Weise zusammen. In den Evangelien haben wir die Tatsachen widergespiegelt, die in der Akasha-Chronik zu finden sind.«[5]

Wir haben jetzt also *eine* Wesenheit vor uns. Die Zwei sind Einer geworden. Zarathustra hatte sich in seinem zwölfjährigen Leben als salomonischer Jesus all diejenigen Fähigkeiten erworben, die man durch den Gebrauch der Instrumente des physischen und ätherischen Leibes erwerben kann. Dazu war es nötig, dass er sich seine Leiblichkeit durch die Vererbungsströme, die durch die salomonische Ahnenreihe flossen, bilden konnte, weil in dieser die starken Kräfte vorhanden und aufs Höchste ausgebildet waren. Aus dieser Leiblichkeit nahm er alles, was er sich aneignen konnte, mit und verband das nun mit dem, was aus jener Innerlichkeit stammte, die von dem nathanischen Jesus herrührte, die herunterkam aus einer Zeit, in welcher der Inkarnationskreislauf der Menschen noch nicht begonnen hatte.

Den auf diese Art verwandelten Knaben nahmen die Eltern mit nach Hause. Nach einiger Zeit starb dann die junge Mutter des nathanischen Jesus, so dass dieses Kind, in dem das Zarathustra-Ich jetzt wohnte, Halbwaise war.

Wie ging es nun mit dem *salomonischen* Jesus weiter? Dieser Jesus hätte sich ohne sein strahlendes Zarathustra-Ich, das ja jetzt im nathanischen Jesus wohnte, irdisch nicht mehr weiterentwickeln können. Es begann ein Siechtum, eine Art Absterben, ein Verdorren, so dass der Knabe kurze Zeit später starb, etwa zur gleichen Zeit als die Mutter des nathanischen Knaben gestorben war.

»Ich habe schon bei Besprechung des Lukas-Evangeliums gesagt, dass es sehr leicht sein kann, dass eine Persönlichkeit, die von der Individualität verlassen wird und nur die drei Leiber, physischen Leib, Ätherleib, astralischen Leib noch hat – denn die bleiben dabei zurück –, eine Zeitlang noch leben kann. Was aber von dem salomonischen Jesus zurückgeblieben war, das siechte hin und starb in der Tat bald danach. Das heißt: Der eigentliche Jesusknabe der ersten Kapitel des Matthäus-Evangeliums starb verhältnismäßig bald nach seinem zwölften Jahre.«[6]

Der Joseph aus der salomonischen Linie war schon etwas früher gestorben. Seine Gattin wurde mit ihren sechs Kindern im Hause des nathanischen Joseph, der ja bereits verwitwet war, aufgenommen. Somit bestand diese neue Hausgemeinschaft aus dem Vater des nathanischen, der Mutter und den Geschwistern des salomonischen Knaben und natürlich aus dem nathanischen Jesus, in dem von nun an das Zarathustra-Ich wohnte, so dass der Zarathustra jetzt wieder bis auf den bereits verstorbenen Vater mit derjenigen Familie zusammenlebte, in die er sich hineininkarniert hatte. Die beiden Familien waren ja schon seit Jahren freundschaftlich miteinander verbunden. Der Joseph aus der nathanischen Linie starb, als Jesus 23 Jahre alt war.

Von da an lebte Jesus allein mit seiner Mutter, die ja der leiblichen Abstammung nach seine Stiefmutter war, und seinen Geschwistern.

So entwickelte sich dieser nathanische Jesus, der in seinem zwölften Lebensjahr zum Träger des Zarathustra-Ichs wurde und von da an als *der* »Jesus von Nazareth« bezeichnet werden kann, mit all seinen Fähigkeiten, die sich dieses Ich in seinen früheren Inkarnationen erworben hatte, bis zu seinem dreißigsten Lebensjahr.

»Bis zum dreißigsten Jahre lebte der Geist des Zarathustra in dem Jesus-Jüngling, der aus der nathanischen Linie des Hauses David stammte. In diesem anderen Körper reifte er heran zu einer noch höheren Vollendung. Noch ist zu bemerken, dass in diesem andern Körper, in dem jetzt der Geist des Zarathustra lebte, das Eigentümliche war, dass in dessen Astralleib der Buddha seine Impulse aus der geistigen Welt einstrahlen ließ.«[7]

Wenn man über *Jesus von Nazareth* spricht, so ist damit also der Mensch gemeint, der durch so wundersame und komplizierte Vorgänge bzw. Umwandlungen ›entstanden‹ ist und anschließend achtzehn Jahre in der beschriebenen Konstitution auf der Erde wandelte. Es gehen einem die Attribute aus, wenn man diese erhabene Persönlichkeit beschreiben möchte. Man kann vermuten, dass es weder zuvor noch später jemals einen höher entwickelten Menschen gegeben haben dürfte. Umso lächerlicher ist es, dass er vielfach – auch oder sogar gerade in Kreisen des konfessionellen Christentums – als »schlichter Mann von Nazareth« bezeichnet wird.

Der letzte Vers, der sich im Neuen Testament auf den jugendlichen Jesus bezieht, findet sich am Ende des 2. Kapitels des Evangeliums nach Lukas. In allen Übersetzungen, die auf Martin Luther zurückgehen, heißt es:

> *»Und Jesus nahm zu an Weisheit, Alter und Gnade bei Gott und den Menschen.«*
>
> (Lukas 2, 52)

Dieser Vers erscheint ziemlich merkwürdig. Dass Jesus an Weisheit zunahm, kann man noch nachvollziehen, da jetzt in ihm das weise Zarathustra-Ich wohnte, wodurch er zu immer größerer Vollkommenheit heranreifte. Aber die Aussage, dass er an Alter zunahm, ist doch geradezu banal und selbstverständlich und bedarf somit keiner Erwähnung. Nun steht aber in der Heiligen Schrift nichts, was nicht von Bedeutung wäre.

Freilich kann man die drei Substantive, die im griechischen Originaltext stehen, mit »Weisheit«, »Alter« und »Gnade« übersetzen. Allerdings können diese Begriffe auch eine andere Bedeutung haben. Es liegt nun sehr am Vermögen eines Übersetzers, diese so zu übertragen, dass sie dem entsprechen, was Lukas damit zum Ausdruck bringen wollte. In neueren Übersetzungen wird beispielsweise anstelle von »Alter« meistens das Wort »Lebensreife« gewählt, was der Sache ein wenig näher kommt.

Zu einem wirklichen Verständnis dieses Satzes können wir gelangen, wenn wir wieder Rudolf Steiner zu Wort kommen lassen.

»Der, der den Christus aufgenommen hat, hat sich wohl vorbereitet in den vorhergehenden Jahren. In seinem astralischen Leib ist er so tugendvoll und edel und weise geworden, wie er werden musste, damit der Christus in ihm geboren werden konnte. Und auch seinen Äther-

leib hat er so reif gemacht und seinen physischen Leib so geschmeidig und schön, dass der Christus in ihm sein konnte. [...]

›Er nahm zu an Weisheit‹, das heißt, er bildete seinen astralischen Leib aus. Wer da weiß, an was der griechische Geist bei dem Worte ›helikia‹ dachte, der kann Ihnen sagen, dass hier jene Entwickelung gemeint ist, die der Ätherleib durchmacht, wodurch Weisheit allmählich zur Fertigkeit wird. Sie wissen, dass der astralische Leib die Eigenschaften ausbildet, die zum einmaligen Gebrauch da sind; das heißt, man versteht einmal etwas und hat es verstanden. Der Ätherleib bildet das, was er entwickelt, als Gewohnheiten, Neigungen und Fertigkeiten aus. Durch immerwährende Wiederholung geschieht es. Das, was Weisheit ist, wird zur Gewohnheit. Man führt es aus, weil es einem in Fleisch und Blut übergegangen ist. Also dieses Zunehmen an ›Reife‹ bedeutet es. Ebenso wie der astralische Leib an Weisheit, so ist der Ätherleib gewachsen an edlen Gewohnheiten, an Gewohnheiten zum Guten, Edlen und Schönen. Und das dritte, woran der Jesus von Nazareth zunahm, ›charis‹, heißt in Wirklichkeit das, was als Schönheit sich offenbart und sichtbar wird. Alle anderen Übertragungen sind nicht richtig. Wir müssen übersetzen, dass er zunahm an ›anmutiger Schönheit‹, dass sich also auch sein physischer Leib schön und edel bildete.«[8]

Gemäß Rudolf Steiner müsste man diesen Vers folgendermaßen übersetzen: »**Und Jesus nahm zu an Weisheit** (in seinem astralischen Leib), **an reifen Neigungen** (in seinem Ätherleib), **und an anmutiger Schönheit** (in seinem physischen Leib), **so dass das sichtbar war vor Gott und den Menschen.**«[9]

Wie bei nahezu allen Versen der Bibel steckt auch hinter diesem viel mehr Weisheitsvolles, als man beim oberflächlichen Lesen meinen könnte. Lukas deutet mit diesem Vers tiefgründig darauf hin, dass sich der Jesus von Nazareth in jeglicher Beziehung vorbereitete, um später den Christus in sich aufnehmen und wohnen lassen zu können. Lukas zeigt, dass er wusste, dass der spätere Christus-Träger die Hüllen, also den physischen, ätherischen und astralischen Leib zur höchstmöglichen Entfaltung auszubilden hatte.

✳✳✳✳✳✳✳✳✳✳✳✳✳✳✳✳✳✳✳✳✳

Es gibt im Übrigen einige interessante biografische Parallelen zwischen dem nathanischen Jesusknaben und Buddha.

Auch die Geburt Buddhas wurde seiner Mutter *Maya* vorherverkündigt. Er wurde mit den Worten angekündigt: *»Dieses ist das Kind, das Buddha werden wird, der Erlöser, der Führer zu Unsterblichkeit, Freiheit und Licht!«*

Des Weiteren gibt es einige Buddha-Legenden, in denen es heißt, dass er als zwölfjähriger Knabe verlorengegangen sei und schließlich unter einem Baume wiedergefunden wurde, wo er von Sängern und Weisen der Vorzeit umgeben war, die er lehrte.[10]

4.2 Die unbekannten achtzehn Jahre im Leben des Jesus von Nazareth

Man kann in der Heiligen Schrift nichts finden, was die folgenden achtzehn Jahre – von der Tempelszene bis zur Jordantaufe – der auf so komplizierte Art herangereiften Jesus-Wesenheit, des Jesus von Nazareth, beleuchten würde. Man kann ja nicht annehmen, dass ein so außerordentlich hoch entwickelter Mensch in dieser Zeit nichts erlebt oder bewirkt hätte, was einer Erwähnung bedürfte.

Man sollte aber bedenken, dass im Beginn unserer Zeitrechnung so unfassbar viel in Palästina geschehen ist, dass die Evangelisten nur einen Bruchteil davon schildern konnten. Darauf verweist auch Johannes am Ende seines Evangeliums. Er schreibt, dass die Welt nicht genügend Bücher aufweisen würde, wenn man alles, was geschehen ist, aufschreiben wollte.[11]

Auch hier ist es wieder Rudolf Steiner zu verdanken, dass wir heute vieles über diese achtzehn Jahre erfahren können. Das, was er über das Leben des Jesus von Nazareth aus dieser Zeit aus der Akasha-Chronik gewonnen hat, kann man mit Fug und Recht als »Fünftes Evangelium« bezeichnen. Einem Leser, der an dem weiteren Leben Jesu bis zur Taufe am Jordan im Detail interessiert ist, kann Steiners Vortragszyklus *»Aus der Akasha-Forschung – Das Fünfte Evangelium«* (GA 148) ans Herz gelegt werden.

Wir wollen im Folgenden das, was Rudolf Steiner über diese acht-zehn Jahre im Leben des Jesus von Nazareth erforschte und sagte, mit ein paar Strichen in mehr aphoristischer Form nachzeichnen.

4.2.1 Das erste prägende Seelenerlebnis Jesu

Jesu Auftritt im Tempel, als er als Zwölfjähriger alle, die zugegen waren, mit seiner Klugheit und Weisheit, die aus seinem Zarathus-tra-Ich strömten, erstaunte, sprach sich in seiner Umgebung herum.

»Es war wirklich etwas in seiner Seele wie ein Aufgehen innerlich liegender Weisheitsschätze, etwas, wie wenn aufgeleuchtet hätte in der Form der jüdischen Gelehrsamkeit die Sonne des einstigen Zarathus-tra-Weisheitslichtes.«[12]

Das zeigte sich in der Folgezeit auch darin, dass er die zahlreichen Schriftgelehrten, die in sein Elternhaus kamen, immer wieder mit der Art überraschte, wie er das, was sie sprachen, aufnahm, und dass er sie mit seinen klugen Antworten und Ausführungen in höchstes Erstaunen versetzte. Man sah in ihm ein Wunderkind heranwachsen, das einmal eine ganz außerordentlich hohe Stufe der Schriftgelehr-samkeit erreichen werde. Man setzte ungeheure Hoffnungen in ihn. Die Menschen saugten alles, was er sagte, auf.

Jesus wurde aber im Laufe der Zeit immer schweigsamer. Er hörte dem, was die anderen sagten, nur noch schweigend zu.

»Dabei gingen ihm aber immer große Ideen, Sittensprüche, nament-lich bedeutsame, moralische Impulse in jenen Jahren in der eigenen Seele auf.«[13]

Das, was er von den Schriftgelehrten hörte, verursachte allerdings in seiner Seele große Traurigkeit und Bitterkeit. Schon in diesen jun-gen Jahren hatte er das Gefühl, dass in dem, was die Schriftgelehrten über die alten Traditionen und Schriften sagten, vieles zum Irrtum Neigende stecken müsse. Besonders bedrückte es ihn, wenn er hörte, dass früher der Geist über die Propheten gekommen und Gott selber inspirierend zu ihnen gesprochen habe und dass jetzt diese Inspira-tionen nicht mehr vorhanden seien.

In seinem sechzehnten oder siebzehnten Lebensjahr hatte Jesus den Eindruck, wie wenn ihm der Boden unter den Füßen entzogen wäre, und er hatte manche Tage, wo er sich sagen musste:

»Alle Seelenkräfte, mit denen ich glaubte begnadet zu sein, sie bringen mich nur dazu, zu begreifen, wie in der Substanz der Evolution des Judentums kein Vermögen mehr besteht, heraufzureichen zu den Offenbarungen des Gottesgeistes.«[14]

Er ahnte erstmals, dass die Zeit herannahte, in der ein ganz neuer und gewaltiger Impuls aus geistigen Höhen in die Menschheit kommen musste.

Das war das erste prägende Erlebnis in der Seele des jungen Jesus.

4.2.2 Das zweite prägende Seelenerlebnis Jesu

In seinen Jugendjahren, als er sechzehn bis achtzehn Jahre alt war, machte Jesus viele Reisen. Diese waren durch sein Handwerk, zum Teil aber auch durch andere Umstände bedingt. Auf diesen Reisen lernte er etliche Gegenden in Palästina und auch außerhalb Palästinas kennen.

Über die Gegenden, in die er kam, hatten sich in dieser Zeit verschiedene heidnische Kulte verbreitet, insbesondere der *»Mithras-Kult«*. An vielen Orten gab es Tempel oder Kultstätten, an denen der Mithras-Dienst verrichtet wurde. Jesus lernte in diesen Jahren und auch noch später bis etwa zum vierundzwanzigsten Jahr bei seinen Wanderungen die Seele der Heiden durch äußere Anschauung kennen. In Jesu Seele war das in hohem Maße naturgemäß ausgebildet, was andere Menschen sich nur mühsam aneignen konnten, nämlich eine hohe hellseherische Kraft. Aufgrund dieser Fähigkeit erlebte er etwas ganz anderes, wenn er bei den kultischen Verrichtungen zuschaute, als alle anderen.

Dabei hat er so manche erschütternde Ereignisse wahrnehmen müssen. So sah er, dass durch die Opferhandlungen der heidnischen Priester allerlei dämonische Wesen herangezogen wurden. Besonders erschütterte es ihn, dass die bösen, dämonischen Wesen in vielen Fällen in die in gutem Glauben teilnehmenden Bekenner übergingen und sie von sich besessen machten. Jesus empfand stets eine unendliche Traurigkeit in seiner Seele, wenn er erkennen musste, dass das einstmals so glorreiche Heidentum es dahin gebracht hatte, diese Dämonen für Götter zu halten.

Als er vierundzwanzig Jahre alt war, kam er an einen Ort, wo an einer heidnischen Kultstätte einer bestimmten Gottheit geopfert wurde. Ringsherum nahm er nur traurige Menschen wahr, die von allen möglichen seelischen und körperlichen Krankheiten befallen waren. Die Priester hatten die Kultstätte längst verlassen. Jesus hörte, wie das Volk jammerte, dass die Segnungen der Opferhandlungen nicht mehr auf sie wirken konnten und sie krank und aussätzig geworden waren, weil die Priester und mit ihnen die Götter sie verlassen hatten. Jesus hatte großes Mitleid mit diesen Menschen, und eine unendliche Liebe zu den Bedrückten flammte in seiner Seele auf. Die Leute spürten das; sie erkannten die unendliche Liebe auf seinem Antlitz; das machte einen tiefen Eindruck auf sie. In ihren Herzen entstand etwas, das sie glauben ließ, Jesus sei der neue zu ihnen gesandte Priester.

Sie drängten ihn zum heidnischen Opferaltar und verlangten, dass er den Opferdienst verrichte, damit der Segen ihres Gottes wieder über sie komme. Während die Leute ihn zum Altar führten, fiel Jesus wie tot hin, und seine Seele war wie entrückt. Das Volk war entsetzt und verzweifelt, dass der wie tot da lag, den sie für den vom Himmel geschickten Priester hielten. Die entrückte Seele Jesu fühlte sich erhoben in die geistigen Reiche. Nachdem Jesus wieder zu sich gekommen war, war die Menge der Mühseligen und Beladenen, die ihn zum Opferdienst drängen wollten, entflohen. Mit hellseherischem Blick sah er die Schar der dämonischen Wesen, die mit diesen Leuten verbunden waren.

Das war das zweite bedeutsame Ereignis in der Seelenentwicklung des Jesus von Nazareth, durch das er nun wie umgewandelt war. Seine Seele musste die Abgründe der Menschennatur schon in diesen jungen Jahren erleben, bevor es zum Ereignis der Jordan-Taufe kam. Er war nun nicht nur ein Mensch mit dem Blick und dem Wissen eines Weisen, sondern er war durch das Leben auch zu einem Eingeweihten geworden.

»Gewiss hatte keiner auf der Erde all diesen menschlichen Jammer so tief geschaut als Jesus von Nazareth, keiner jene unendlich tiefe Empfindung in seiner Seele gehabt wie er, als er jenes von Dämonen besessene Volk geschaut hatte. Gewiss war keiner auf der Erde so vorbereitet auf die Frage: Wie kann der Verbreitung dieses Jammers auf der Erde Einhalt getan werden?«[15]

Als Jesus von dieser Reise wieder nach Hause zurückkehrte, hatte er in der Seele ganz lebendig den gewaltigen Eindruck der dämonischen Wirkungen, die sich in das, was im Heidentum lebte, hineingesenkt hatten. Es war etwa die Zeit, als sein Vater starb.

4.2.3 Das dritte prägende Seelenerlebnis Jesu

In Nazareth gab es eine Niederlassung des *»Essäerordens«*, der nun ins Blickfeld des Jesus von Nazareth trat. In diesem Orden hatten sich an verschiedenen Orten Palästinas etwa 5.000 Menschen zusammengefunden, die eine Art Geheimlehre, die man als »jüdischen Buddhismus« oder »buddhistischen Judaismus« bezeichnen könnte, pflegten. Es war ein sehr strenger Orden, der nur Bewerber aufnahm, die sich über einen Zeitraum von mindestens einem Jahr strengen Prüfungen unterzogen hatten. In diesen mussten sie auf mannigfache Art zeigen, dass sie würdig waren, um eingeweiht werden zu können. Die Essäer lebten in klösterlicher Zucht und in gewisser Absonderung von der übrigen Menschheit. Ihr privates Vermögen und ihren ganzen Besitz mussten sie an den Orden abgeben, der es dann unter anderem für wohltätige Zwecke verwandte.

In diesem Orden gab es einige aus heutiger Sicht sonderbare Regeln und Vorschriften. So durften die Essäer etwa keine Münzen bei sich tragen, und es war ihnen verboten, durch ein Tor zu gehen, das bemalt war oder in dessen Nähe Bilder waren. Weil die Essäer äußerlich durchaus anerkannt waren, wurden in Jerusalem auch unbemalte Tore gemacht, so dass auch sie die Stadt betreten konnten. Unter den Essäern hatte sich die prophetische Anschauung herausgebildet, dass die Welt nur dann ihren richtigen Fortgang nehmen könnte, wenn eine weise Seele erstehe, die wie eine Art Messias wirken müsse. Daher hielten sie immer wieder Umschau nach besonders weisen Seelen.

Als sie Kunde von der großen Weisheit in der Seele des Jesus von Nazareth erhielten, waren sie tief berührt. So war es dann auch nicht verwunderlich, dass sie ihn in den äußeren Kreis des Ordens aufnahmen, ohne ihm die üblichen Prüfungen aufzuerlegen.

In den folgenden Jahren – bis zu seinem achtundzwanzigsten Lebensjahr und ein wenig darüber hinaus – kam es zu einem regen Gedankenaustausch zwischen Jesus und den Essäern. Er lernte in dieser Zeit fast alles, was der Orden zu geben hatte. Hier hörte er viel, viel Tieferes über die vom Hebräertum bewahrten Geheimnisse, als er es früher von den Schriftgelehrten vernommen hatte. Er hörte auch manches, was ihm bereits selbst in der Seele als Erkenntnis aufgegangen war. Was ihm nicht durch Worte gegeben wurde, stellte sich ihm als gewaltige hellsichtige Impressionen dar. In einer besonders bedeutenden Impression erschien dem Jesus, der wie entrückt war, Buddha wie in unmittelbarer Gegenwart. Zwischen beiden fand ein Geistgespräch statt, für das Rudolf Steiner aus der Akasha-Chronik den Wortlaut dessen, was Buddha sagte, wie folgt in die deutsche Sprache übersetzt hat:

»Wenn meine Lehre so, wie ich sie gelehrt habe, völlig in Erfüllung gehen würde, dann müssten alle Menschen den Essäern gleich werden. Das aber kann nicht sein. Das war der Irrtum in meiner Lehre. Auch die Essäer können sich nur weiter fortbringen, indem sie sich aussondern von der übrigen Menschheit; für sie müssen übrige Menschenseelen da sein. Durch die Erfüllung meiner Lehre müssten lauter Essäer entstehen. Das aber kann nicht sein.«[16]

Ein anderes einschneidendes Erlebnis, das Jesus bei den Essäern hatte, war, dass er dort einen jungen, etwa gleichaltrigen Mann traf. Dieser ließ sich von den Lehren der Essäer inspirieren, ohne die Lehre des Judentums vollständig aufzugeben. Daher war er auch kein Mitglied, sondern – wie man heute im klösterlichen Umfeld sagen würde – ein Laienbruder. Dieser Mann war kein anderer als Johannes der Täufer. Zwischen ihm und Jesus fanden viele Gespräche statt. Bei einem dieser Gespräche sah Jesus die physische Leiblichkeit des Täufers wie entschwunden und stattdessen in einer Vision die Geistgestalt des *Elias*. Wie wir von Rudolf Steiner wissen, war Johannes der wiedergeborene Elias, was auch im Matthäus-Evangelium bezeugt wird.[17]

Schon seit geraumer Zeit hatte Jesus von Nazareth etwas Besonderes beobachten können: Wenn er an einen Ort kam, an dem bildlose Tore waren, so musste er beim Durchgang eine bittere Erfahrung machen. Für seinen hellseherischen Blick waren die Tore nicht ohne Bilder. Er sah zu beiden Seiten immer die Widersacher, Luzifer und Ahriman. Ihm wurde mehr und mehr klar, woher die Abneigung der Essäer gegen die bebilderten Tore rührte, dass die Bilder etwas mit dem Herbeizaubern dieser Widersacherwesen zu tun hatten. Ihm wurde bewusst, dass ein Geheimnis zwischen diesen geistigen Wesen und den Essäern waltete. Das, was er an den Essäertoren erlebte, führte dazu, dass er sich mit den Essäern nicht mehr so gut verständigen konnte.

Als er eines Tages das Tor des Hauptgebäudes der Essäer verließ, traf er auf die Gestalten, von denen er wusste, dass es sich um Luzifer und Ahriman handelte. Er sah, wie sie vor dem Tore des Essäerklosters flohen. Ihm wurde bewusst, dass die Heiligkeit des Klosters der Essäer sie zur Flucht veranlasst hatte. In seiner Seele lebte sich die Frage ein: *Wohin* fliehen sie? Diese Frage brannte wie Feuer in seiner Seele. Sie ließ ihn nicht mehr los.

Das war das dritte bedeutsame Erlebnis, das Jesus in seiner Seele ergriff.

4.2.4 Das höchst bedeutsame Gespräch mit seiner Mutter

Jesus konnte über all diese Dinge, die ihn sehr bewegten und unendlich traurig stimmten nur mit seiner Mutter, die ja der *leiblichen* Abstammung nach seine Stiefmutter war, reden. Die beiden pflegten ein außerordentlich herzliches und innigliches Verhältnis.

Eines Tages, als er in seinem dreißigsten Lebensjahr war, kam es zu einem sehr bedeutsamen Gespräch der beiden. Jesus erzählte ihr in diesem von seinen Erlebnissen und Erkenntnissen. Ihm war jetzt klar, dass die Essäer durch ihre Lebensweise und durch ihre Geheimlehre sich selber vor Luzifer und Ahriman schützten, so dass sie vor ihren Toren fliehen mussten. Aber dadurch wurden sie gewissermaßen zu den übrigen Menschen geschickt. Die Essäer konnten nur glücklich auf Kosten der anderen werden. Ihm wurde bewusst, dass es der allgemeinen Menschheit weder auf die Weise der Juden noch der Heiden noch der Essäer möglich ist, sich mit der göttlich-geistigen Welt zu verbinden.

»Dies Wort schlug furchtbar ein in die Seele der liebenden Mutter. Er war während dieses ganzen Gespräches vereint mit ihr, wie eins mit ihr. Die ganze Seele, das ganze Ich des Jesus von Nazareth lag in diesen Worten. Und hier möchte ich anknüpfen an ein Geheimnis, welches stattfand vor der Johannestaufe in diesem Gespräch mit der Mutter:

Es ging etwas weg von Jesus zu dieser Mutter hinüber. Nicht nur in Worten rang sich das alles los von seiner Seele, sondern weil er so innig mit ihr vereint war seit seinem zwölften Jahre, ging mit seinen Worten sein ganzes Wesen zu ihr über, und er wurde jetzt so, dass er wie außer sich gekommen war, wie wenn ihm sein Ich weggekommen war. Die Mutter aber hatte ein neues Ich, das sich in sie hineinversenkt hatte, erlangt: sie war eine neue Persönlichkeit geworden. Und forscht man nach, versucht man herauszubekommen, was da geschah, so stellt sich folgendes Merkwürdige heraus. Der ganze furchtbare Schmerz, das furchtbare Leid des Jesus, das aus seiner Seele sich losrang, ergoss sich hinein in die Seele der Mutter und sie fühlte sich wie eins mit ihm. Jesus aber fühlte, als ob alles, was seit seinem zwölften Jahre in ihm lebte, fortgegangen wäre während dieses Gespräches. Je mehr er davon sprach, desto mehr wurde die Mutter voll von all der Weisheit, die in ihm lebte. Und alle die Erlebnisse, die seit seinem zwölften Jahre in ihm gelebt hatten, sie lebten jetzt auf in der Seele der liebenden Mutter!

Aber von ihm waren sie wie hingeschwunden; er hatte gleichsam in die Seele, in das Herz der Mutter dasjenige hineingelegt, was er selber erlebt hatte seit seinem zwölften Jahre. Dadurch wandelte sich die Seele der Mutter um. Wie verwandelt war auch er seit jenem Gespräche, so verwandelt, dass die Brüder oder Stiefbrüder und die anderen Verwandten, die in seiner Umgebung waren, die Meinung bekamen, er hätte den Verstand verloren. Wie schade, sagten sie, er wusste so viel; er war ja immer sehr schweigsam, jetzt aber ist er völlig von Sinnen gekommen, jetzt hat er den Verstand verloren! – Man sah ihn als einen Verlorenen an.«[18]

Tagelang ging Jesus wie traumhaft im Hause umher. Sein Zarathustra-Ich war im Begriffe, die leiblichen Hüllen zu verlassen und wieder in die geistige Welt zu gehen. Wie es dann mit ihm weiterging, werden wir im nächsten Kapitel schildern.

Kapitel 5

Johannes der Täufer und
die Menschwerdung Christi

*W*enige Tage nach dem höchst bedeutsamen Gespräch mit seiner Mutter, über das wir am Ende des vorigen Kapitels geschrieben haben, verließ der mittlerweile dreißigjährige Jesus wie durch einen inneren Drang, wie durch eine innere Notwendigkeit getrieben das Haus. Durch Schicksalsführung ging er zum Jordan, zu Johannes dem Täufer. Dort – am beinahe tiefsten Punkt der festen Erde, nahe der am östlichen Jordanufer gelegenen Stadt Bethanien – kam es dann zu einem *einmaligen* und e*inzigartigen* Ereignis von welthistorischer Bedeutung.

Das Geschehnis, um das es geht, ist jedem gläubigen Christen und jedem Bibelleser bekannt: Jesus ließ sich von Johannes dem Täufer taufen. Allerdings wissen die wohl meisten nicht, dass es sich dabei um etwas höchst Bedeutsames, um etwas ganz Außergewöhnliches handelte. Dass etwa im Katholizismus nicht mehr gewusst wird, was sich bei der Jordantaufe wirklich vollzog, kann man ihrem Katechismus entnehmen. In diesem heißt es:

»Um die Gerechtigkeit ganz zu erfüllen, hat sich unser Herr freiwillig der Taufe durch Johannes, die für Sünder bestimmt war, unterzogen.«[1]

Man muss sich schon fragen, wer mit diesem Glaubenssatz etwas verbinden kann.

Bevor wir über die Taufe Jesu schildern, wollen wir zunächst einen Blick auf die große Mission des Täufers sowie den Sinn dieser Taufe, die Johannes vielen Juden spendete, werfen. Heute ist ja kaum noch bekannt, was der Sinn dieses vorchristlichen Taufrituals war und wie dieses vor sich ging. Um was es sich dabei handelte, soll hier in aller Kürze geschildert werden.

5.1 Johannes der Täufer und seine Mission

Johannes der Täufer, den man nicht mit dem gleichnamigen Evangelisten verwechseln darf, war von der göttlichen Weltenlenkung auserkoren, dem Christus, der auf dem Wege in die Erdenwelt war, als Vorverkündiger den Weg zu bereiten. Er war der Wegbereiter, also jemand, der etwas in Be-*weg*-ung bringen sollte. Im Prolog des Johannes-Evangeliums heißt es dazu:

> *»Es wurde ein Mensch von Gott gesandt, sein Name war Johannes. Dieser kam, um Zeugnis abzulegen. Er sollte von dem Lichte zeugen, damit in allen der Glaube erwache. Er war nicht selbst das Licht, sondern ein Zeuge des Lichtes. Denn das wahre Licht, das jeden Menschen erleuchtet, war auf dem Wege in die Erdenwelt.«*
>
> (Johannes 1, 6ff.)

Auf den Schicksalszusammenhang zwischen Johannes und Jesus weist schon das Lukas-Evangelium vorsichtig hin. Der Mutter des nathanischen Jesusknaben, in dessen Hüllen vom zwölften Lebensjahr an der Jesus von Nazareth, dessen Ich das des Zarathustra war, wohnte, erschien der Erzengel Gabriel, der ihr die Geburt verkündete und sie anwies, dem Kind den Namen Jesus zu geben. Ein Engel des Herrn erschien dem Zacharias, dem Vater des Täufers, und prophezeite ihm die Geburt seines Sohnes, dem er den Namen Johannes geben sollte. Als Elisabeth den Johannes empfing, war sie schon hochbetagt, während die Mutter Jesu noch ein junges Mädchen war. Das kann man als Zeichen dafür deuten, dass alles, was aus der alten jüdischen, namentlich mosaischen Weisheit geschaffen wurde, seine Mission erfüllt hatte und bereits in einem gewissen Niedergang begriffen war, während eine neue Strömung, ein neuer Impuls durch den Christus in die Welt kommen musste. So sind auch die Bibelworte zu verstehen:

> *»Er muss wachsen, ich muss abnehmen.«*
>
> (Johannes 3, 30)

Johannes, dessen Ich in einem ganz engen Zusammenhang mit der Seelenwesenheit des nathanischen Jesusknaben stand[2], und Jesus kannten sich bereits seit vielen Jahren – nicht zuletzt aufgrund ihrer gemeinsamen Zeit im Essäerorden. Dieser Johannes war begnadet zu erkennen, dass es nur noch eine ganz kurze Zeit dauern werde, bis der verheißene Messias, der Christus, auf die Erde herabsteigen werde. Johannes wusste, dass eine ganz neue Zeit anbrechen werde. Bisher war es den Menschen nur möglich, geistige Offenbarungen zu erleben, indem sie sich in einen ekstatischen Zustand versetzten und ins Astralische untertauchten. Sie konnten nur zum Geiste kommen, wenn sie ihr Bestes, ihr Ich, verließen. Nun war die Zeit gekommen, dass der Mensch unter Aufrechterhaltung seines Selbstbewusstseins – unter Wahrung seines Ichs – die höheren Welten, die Reiche der Himmel, erleben konnte. Daher verkündete der Täufer:

> *»Ändert euren Sinn! Denn das Reich der Himmel ist nahe herbeigekommen.«*

(Matthäus 3, 2)

Wie konnte der Täufer, der ein hervorragender Prediger war, diese Wahrheit den Menschen mitteilen? Wie konnte er es ihnen klarmachen? Hätte er ihnen gesagt, dass sie reif seien, sich mit ihrem Ich, dessen sie sich noch gar nicht recht bewusst waren, ins Geistige zu versetzen, so hätten sie das nicht verstehen können. Es gehörte zu seiner Mission, die Menschen zu lehren, dass sie sich erst ein klares individuelles Ich-Bewusstsein erwerben müssen.

Das Entscheidende war aber die Taufe. Diese hatte nichts mit einer Taufe im heutigen Sinne zu tun. Die Täuflinge, bei denen es sich ausschließlich um Erwachsene handelte – wurden nicht einfach mit etwas Wasser besprengt, sondern vielmehr *vollständig* ins Wasser untergetaucht. Unter Wasser verweilten sie nicht nur wenige Sekunden. Vielmehr blieben sie dort bis zu ein paar Minuten. Dadurch lockerte sich der Ätherleib. Er wurde bis zu einem gewissen Grad aus dem physischen Leib herausgezogen. Wie bereits erörtert trennt sich nach dem Tod der Ätherleib komplett und unwiderruflich vom physischen. Da der Ätherleib der Träger des Gedächtnisses ist und nach der Trennung vom physischen Leib nicht mehr durch das viel zu starre physische Gehirn eingeschränkt wird, tritt unmittelbar nach dem Schwellenübergang der Moment ein, in dem der Verstorbene sein komplettes abgelegtes Erdenleben in gewaltigen Bildern sieht. Zu einem kurzen Lebensrückblick kann es bereits dann kommen, wenn sich der ätherische Leib nur partiell und temporär vom physischen loslöst. Das kann insbesondere dann geschehen, wenn der Betreffende in akute Todesgefahr gerät. Daher berichten ja auch zahlreiche Menschen, die schon ganz nah an der Schwelle des Todes standen und Nahtod-Erlebnisse hatten, von dieser Rückschau.

»Was der Mensch so durch eine Gefahr erlebt, wenn er zum Beispiel dem Ertrinken nahe ist, das erlebte bei der Johannes-Taufe fast ein jeder. Darin bestand die Taufe, dass der Mensch so lange im Wasser blieb, dass er sein bisheriges Leben erlebte. Aber was er so erlebte, war ja als geistiges Bild erlebt. Und da stellte sich heraus, dass in diesem abnormen Zustand dasjenige, was der Geist erlebte, sich gewissermaßen anschloss an die übrige geistige Welt; und derjenige, der wieder herausgezogen wurde nach der Johannes-Taufe, er wusste: Es gibt eine geistige Welt! In Wahrheit ist das, was ich in mir habe, etwas, was ohne den Körper bestehen kann.«[3]

Anschließend konnte der Getaufte die Überzeugung gewinnen, dass es eine Welt gibt, der er seinem Geiste nach angehört. Er erlebte sein eigenes Leben als ein geistiges. Er erkannte, dass in ihm noch etwas anderes ist, etwas, was über seinen physischen Leib hinausgeht, nämlich ein Ich, das hinaufsteigen kann in die übersinnlichen Welten.

»Johannes hatte also in den Menschen das Bewusstsein hervorgerufen: Es gibt eine geistige Welt, ich gehöre mit einem höheren Teile meiner selbst dieser geistigen Welt an. Daher brauchen Sie seine Rede bloß in andere Worte zu kleiden, und Sie haben: Ändert den Sinn, der auf die physische Welt gerichtet ist! Sie änderten den Sinn, wenn sie die Taufe wirklich richtig empfingen. Dann wussten sie: Ich habe ein Geistiges in mir; mein Ich gehört der geistigen Welt an. Der Mensch hatte diese Überzeugung gewonnen im physischen Leibe drinnen. Es war ja nicht eine besondere Prozedur eingetreten wie in der Einweihung. Er hatte das im physischen Leibe erlebt. Und durch die Art und Weise, wie die ganze Lehre, die dazumal seit der Verkündigung des Moses bestanden hatte, aufgenommen wurde und sich mit der Seele vereinigte, bekam das ganze Erlebnis der Johannes-Taufe noch einen besonderen Sinn. Der Mensch hatte nach der Taufe nicht nur das Bewusstsein: Ich bin mit der geistigen Welt eins – sondern er erkannte auch, welche geistige Welt heranzieht zur Erde.

Ein solcher Mensch wusste: Was sich dem Moses verkündet hatte als ›ehjeh asher ehjeh‹ in dem brennenden Dornbusch und in dem Feuer auf Sinai, das durchzieht die Erde, und mit dem Worte Jahve oder Jehova, oder ›ehjeh asher ehjeh‹ oder ›Ich bin der Ich-bin‹ wird diese geistige Welt in der richtigen Weise ausgesprochen. – Der Mensch wusste also durch die Johannes-Taufe nicht nur, dass er Eins ist mit der geistigen Welt, sondern er wusste auch: In dieser geistigen Welt lebt das Ich-bin, aus dem ich dem Geiste nach herausgeboren bin.«[4]

Der Täufling bekam einen gewissen Einblick in die geistige Welt und zumindest eine Ahnung von der bevorstehenden Ankunft des Messias in der Erdenwelt. Die Geistesseherin Judith von Halle schreibt:

»Er [Johannes] verkündete die bevorstehende Ankunft des Christus nicht nur in seinen Predigten, in denen er die Menschen aufforderte, ihren Sinn zu ändern, welcher fast ausschließlich noch auf die sinnliche Welt gerichtet war, und hinzublicken auf die geistige Welt, aus der der Messias zur Erde hinabsteigen sollte; er verkündete die bevorstehende Ankunft durch die Taufen, die er am Volk, ja gar an den Schriftgelehrten vornahm. Denn diese waren das Mittel, um den Täufling durch ein Untertauchen und die dadurch eintretende partielle Loslösung seines Ätherleibes zu einem eigenständigen Wahrnehmen der geistigen Welt kommen zu lassen, welche der Betreffende alsdann als Geburtsstätte seines eigenen Ichs verinnerlichen konnte.«[5]

Auf diese Weise hatte Johannes durch die Jordan-Taufe seine Täuflinge auf das große Ereignis, das Erscheinen des Christus in der Erdenwelt, vorbereitet. Dieses Gefühl, diese Empfindung hatte er in ihnen erweckt. Es konnten natürlich nur wenige sein, bei denen es fruchtete. Die meisten waren ja unreif, beim Untertauchen das zu erleben. Aber einige erkannten, dass der Geist heranrückt, der später der Christus genannt wurde.

5.2 Die Menschwerdung Christi

Dass es bei der Taufe Jesu allerdings um etwas *ganz anderes* ging, geht schon aus den Evangelien hervor. Nicht umsonst wollte Johannes Jesus zunächst daran hindern, sich von ihm taufen zu lassen. Der Täufer wusste, dass Jesus auf einer höheren Stufe stand als er. Allerdings erkannte er *zunächst* noch nicht, dass dieser als Träger des Messias, des Christus erkoren war.

So heißt es bei Matthäus:

> *»Zu dieser Zeit kommt Jesus von Galiläa an den Jordan zu Johannes, um sich von ihm taufen zu lassen. Johannes aber wollte ihn daran hindern und sprach: Ich selber müsste von dir getauft werden, und du kommst zu mir!«*
>
> (Matthäus 3, 13f.)

Jesus aber antwortete:

> *»Lass es jetzt geschehen; denn es gebührt uns, alles zu erfüllen, was die Heilsordnung vorgesehen hat.«*
>
> (Matthäus 3, 15)

Diese Formulierung lässt bereits erahnen, dass mit der Taufe Jesu ein ganz außergewöhnliches Ereignis von höchster Tragweite bevorstand. Dass dieses Geschehnis eine herausragende Bedeutung hatte, kann man auch daran ablesen, dass die Stimme des Vatergottes vom Himmel ertönt. Es ist eine von nur drei Stellen im gesamten Neuen Testament, an welcher der Vatergott spricht. Außerdem gehört die Taufe zu den eher wenigen Begebenheiten, über die *alle vier* Evangelisten berichten. Ihre Berichte sind sogar weitestgehend deckungsgleich. So schildern sie von zwei bedeutsamen Erscheinungen, die auftraten, nachdem Jesus von Johannes getauft worden war, also wieder aus dem Wasser des Jordans auftauchte.

Zum einen kam etwas Geistiges, das der imaginativen Wahrnehmung wie eine Taube erschien, vom Himmel herab und blieb auf Jesus. Zum anderen ertönte die Stimme des göttlichen Vaters.

Der Evangelist Markus beschreibt, was der Täufer wahrnahm, wie folgt:

> *»Und sobald er aus dem Wasser heraufkam, sah Johannes die Himmel aufreißen und den Geist wie eine Taube auf ihn herabkommen. Und ein Ruf ertönte aus den Himmeln: Du bist mein geliebter Sohn, in dir bin ich geoffenbart.«*
>
> (Markus 1, 10f.)

Matthäus schreibt:

> *»Als Jesus getauft war und alsbald aus dem Wasser stieg, siehe, da öffneten sich die Himmel, und er sah den Geist Gottes gleich einer Taube herabschweben und über ihn kommen. Und siehe, ein Ruf ertönte aus den Himmeln: Dieser ist mein geliebter Sohn, in dem ich mich offenbare.«*
>
> (Matthäus 3, 16f.)

Bei Johannes lesen wir:

> *»Ich habe geschaut, wie der Geist herabkam vom Himmel gleich einer Taube und auf ihm blieb. Auch ich wusste nicht, wer er war. Doch der mich sandte, im Wasser zu taufen, sprach zu mir: Auf wen du den Geist herabkommen und auf ihm bleiben siehst, der ist es, der mit heiligem Geist tauft. Ich habe es selbst wahrgenommen und kann es bezeugen: Er ist der Sohn Gottes.«*
>
> (Johannes 1, 32ff.)

Bei Lukas heißt es:

> *»Als das ganze Volk getauft wurde und auch Jesus sich taufen ließ, da geschah es: Während er betete, öffnete sich der Himmel, und der Heilige Geist senkte sich in Gestalt einer Taube auf ihn herab; und aus dem Himmel ertönte ein Ruf: Mein Sohn bist du, ich habe dich heute gezeugt.«*
>
> (Lukas 3, 21f.)

Während des Taufvorganges war Johannes der Täufer vermutlich der Einzige, der das Öffnen der Himmel und das Herabsenken der ›Taube‹ imaginativ sowie die Stimme des göttlichen Vaters inspirativ wahrzunehmen vermochte. Die Evangelisten konnten es erst viel später aus der Akasha-Chronik rekonstruieren.

Es ist wirklich mit Händen zu greifen, dass es sich bei der Taufe Jesu nicht etwa nur um etwas Rituelles oder Symbolisches gehandelt hat, wie es von vielen Exegeten behauptet wird. *Vielmehr ist etwas ganz Außergewöhnliches, etwas ganz Einmaliges geschehen, etwas, was niemals zuvor geschehen ist und auch nie wieder geschehen wird!* Das machen schon die Worte des Vatergottes deutlich: »Heute habe ich dich gezeugt«, wie es Lukas schreibt. Es ist in diesem welthistorischen Augenblick ein Zweifaches geschehen:

Der Zarathustra hatte in den leiblichen Hüllen des Jesus von Nazareth seine Mission vollumfänglich erfüllt. Kurz vor der Taufe verließ sein Ich den Körper des Jesus und ging in die geistige Welt. Darauf deutet noch heute die Redewendung »über den Jordan gehen« hin, mit der in der ursprünglichen Bedeutung der Vorgang des Sterbens gemeint ist. Nun war es aber nicht so, wie es beim Tod eines Menschen der absolute Normalfall ist, dass der Jesus, nachdem er sich hinopferte, seinen Äther- und Astralleib mitnahm und seinen physischen Leib als Leichnam zurückließ. Da er auf einer sehr hohen Stufe seiner Entwicklung stand, war es ihm möglich, sein Ich aus den drei unteren Leibern herauszuholen, und diese als vollkommen heile und intakte Hüllen zurückzulassen.

»Als der Jesus von Nazareth dreißig Jahre alt war, war er auch noch durch das, was er in seiner damaligen Inkarnation erlebt hatte, so weit gekommen, dass er einen Prozess vollziehen konnte, der in Ausnahmefällen vollzogen werden kann. Wir wissen, dass der Mensch besteht aus physischem Leib, Ätherleib, Astralleib und Ich. Dieser viergliedrige Mensch ist der Mensch, der unter uns lebt. Wenn der Mensch auf einer gewissen Entwickelungshöhe steht, ist es ihm möglich, in einem bestimmten Zeitpunkt sein Ich herauszuholen aus den drei Leibern und diese intakt als vollkommen heile Leiber zurückzulassen. Dieses Ich geht dann in die geistige Welt, und die drei Leiber bleiben zurück. Diesem Prozess begegnen wir zuweilen in der Weltenentwickelung. Bei irgendeinem Menschen tritt es ein, dass ein besonders hoher, entrückter Augenblick da ist, der unter Umständen sich auch über einen längeren Zeitraum ausdehnen kann. Da geht das Ich fort, geht in die geistige Welt; und weil die drei Leiber so hoch entwickelt sind durch

das Ich, das in ihnen war, sind sie brauchbare Werkzeuge für eine noch höhere Wesenheit, die von ihnen Besitz nimmt.«[6]

Dann geschah das Zweite und Entscheidende: Diese Leiblichkeit war jetzt so reif, so vollendet, so veredelt, dass sie zu einem tragfähigen Gefäß für den Christus-Geist geworden war. Der Geist bzw. das Ich des Christus konnte sich in die drei intakten Leibeshüllen einsenken. Nachdem der Christus-Geist den Jesus von Nazareth bisher nur *wie von außen* geführt hatte, zog er jetzt in das Innerste seines Wesens ein.[7] Das deutet Lukas mit den Worten des Vatergottes »*Heute habe ich dich gezeugt*« an.

»Da wird uns klar angedeutet, dass es sich um eine Geburt handelt, nämlich um die Geburt des Christus in der Hülle, welche Zarathustra zuerst zubereitet und dann hingeopfert hat. Im Moment der Johannes-Taufe fährt die Christus-Wesenheit in die von Zarathustra zubereitete menschliche Hülle. Da haben wir es zu tun mit einer Wiedergeburt dieser drei Hüllen, indem sie durchdrungen werden von der Substantialität des Christus. Die Johannes-Taufe ist eine Wiedergeburt der von Zarathustra heranerzogenen Hüllen und die Geburt des Christus auf der Erde. Jetzt ist der Christus in einem menschlichen Leibe, zwar in menschlichen Leibern, wie sie besonders zubereitet sind, aber doch in menschlichen Leibern, wie sie die anderen Menschen auch haben, wenn auch unvollkommener.«[8]

Bei diesem Taufakt ging es also um nichts Geringeres als die *Menschwerdung Christi, die Menschwerdung des Gottessohnes.*

»Diesen Zeitpunkt, in dem der Christus sich in eine Persönlichkeit der Erde verkörperte, deuten alle vier Evangelien an. Mögen sie auch sonst Verschiedenheiten haben, diesen Zeitpunkt, in dem der Christus in den großen Eingeweihten gleichsam hineinschlüpft, den deuten alle vier Evangelien an: Es ist die Johannes-Taufe. In jenem Augenblick, den der Schreiber des Johannes-Evangeliums so klar bezeichnet, indem er sagt, dass der Geist heruntersteig in der Gestalt einer Taube und sich vereinigte mit dem Jesus von Nazareth, da haben wir die Geburt des Christus, da wird in der Seele des Jesus von Nazareth der Christus als ein neues, höheres Ich geboren. Bis dahin hat ein anderes Ich, das eines großen Eingeweihten, sich so weit entwickelt, dass es reif war zu diesem Ereignis. Und wer sollte geboren werden in die Jesus von Nazareth-Wesenheit? [...] der Gott, der von Anfang an da war, der sich sozusagen in der geistigen Welt gehalten hat und die Menschen sich einstweilen entwickeln ließ, der sollte jetzt heruntersteigen und sich in dem Jesus von Nazareth verkörpern.«[9]

Alle die so unermesslich komplizierten Verrichtungen bei den beiden Jesusknaben und deren Verschmelzung zu *einem* Wesen, dem Jesus von Nazareth, in dem das Ich des großen Menschheitsführers Zarathustra lebte und wirkte, waren dazu vonnöten. Nur so konnte es möglich werden, dass sich das unfassbar hohe Christus-Ich in diese Hüllen einsenken konnte, ohne dass diese regelrecht verglüht wären oder sich rasch aufgelöst hätten.

Der Christus, der zuvor *nie* in einem physischen Leib war und auch *nie wieder* in *fleischlicher* Gestalt auf der Erde erscheinen wird, hätte sich niemals so wie ein Mensch in dem Leib eines Embryos oder eines Kindes inkarnieren können.

»Im dreißigsten Jahre des Jesus von Nazareth nimmt nun von dessen physischem Leibe, Ätherleibe und Astralleibe dasjenige Wesen Besitz, das wir den Christus genannt haben. Dieses Christus-Wesen konnte sich nicht in einem gewöhnlichen Kindesleibe inkarnieren, sondern nur in einem Leibe, der erst durch ein hochentwickeltes Ich dazu vorbereitet war. Denn dieses Christus-Wesen war vorher noch niemals in einem physischen Leibe inkarniert gewesen. Von dem dreißigsten Jahre ab haben wir es also mit dem Christus im Jesus von Nazareth zu tun.«[10]

Der Christus bedurfte einer ganz speziellen Leiblichkeit, ganz besonderer und gereifter Hüllen, die erst über viele Generationen vorbereitet und schließlich durch das sehr hochentwickelte Zarathustra-Ich veredelt werden mussten.

»Selbst eine Wesenheit wie diejenige, welche wir ansprechen als Jesus von Nazareth, die viele Inkarnationen durchlebt hatte und auf hoher Stufe angelangt war und eine hohe Einweihungsstufe erreicht hatte, selbst sie war nicht etwa bei ihrer Geburt schon fähig, der Träger der Christus-Individualität zu werden. Wohl aber, nachdem sie sich durch ein Leben von dreißig Jahren dazu vorbereitet hatte, war sie fähig geworden, die äußeren menschlichen Hüllen, den physischen Leib, den Äther- und Astralleib so weit zu läutern und zu reinigen, dass die Individualität des Jesus von Nazareth diese gereinigten Leiber verlassen konnte. Die Individualität des Jesus von Nazareth verließ im dreißigsten Jahre seines Lebens die äußeren Hüllen, die durch die Kraft dieser Individualität gereinigt worden waren. Angedeutet wird dieses Verlassen der äußeren Leibeshüllen im Evangelium durch die Johannes-Taufe im Jordan. Da ist es, wo die Wesenheit ausgetauscht wird, wo die Christus-Individualität Besitz ergreift, jetzt nicht von einem gewöhnlichen Menschenleibe, sondern von einem Leibe, der rein, geläutert ist in dreißig Jahren.«[11]

Es war also nicht so wie bei menschlichen Individualitäten, die sich ihre leiblichen Hüllen im Vorgeburtlichen unter Mitwirkung der Wesen der geistigen Wesen der höheren Hierarchien *selber* aufbauen.

Eine solche Einkörperung eines Ichs in die drei Leibeshüllen eines Menschen wie die oben beschriebene ist im Grunde nicht ganz so außergewöhnlich. Es ist durchaus öfters vorgekommen. Ein Beispiel haben wir schon kennengelernt: Als die beiden Jesusknaben zwölf Jahre alt waren, ging das Zarathustra-Ich, das bis dahin in dem Leib des salomonischen Knaben lebte, in die leiblichen Hüllen des nathanischen über. Das Außergewöhnliche und absolut Einmalige, das sich am Jordan vollzog, war, dass ein *Gott* in einen menschlichen Leib einzog!

Der Christus verband sich bei der Taufe viel inniger mit den Leibeshüllen, als das jemals zuvor für einen Menschen möglich war. Der Leib des Jesus von Nazareth wurde von der Christus-Individualität, dem hohen Sonnengeist, durchglüht und durchfeuert. Diese Wirkung erstreckte sich bis in diejenigen Glieder, die heute dem Einfluss und der Willkür des Menschen vollständig entzogen sind – bis in die Knochen.

»Das ist heute vollständig der Willkür des Menschen entzogen; das wurde aber in die Willkür dessen gestellt, der später das Ereignis von Golgatha durchmachen sollte. Der Mensch ist heute imstande, seine Hand zu bewegen, aber er hat keine Gewalt, hineinzuwirken in die chemischen Kräfte seiner Knochen, er ist verfestigt in seinen Knochen. Herrschaft über die Kraft, die Knorpelmasse und Knochenasche zusammenhalten, erhielt als einziger Leib, den es je auf der Erde gegeben hat, der Leib des Jesus von Nazareth durch die Intuition des Christus.«[12]

Das war eine notwendige Voraussetzung dafür, dass der Christus später den Tod besiegen konnte.

»Das wird uns damit angedeutet, dass durch dieses Beherrschen der Knochen diejenige Kraft in die Welt kam, welche imstande ist, den Tod wirklich zu besiegen in der physischen Materie. Denn die Knochen sind schuld an dem Tode des Menschen; dadurch, dass der Mensch so gestaltet wurde, dass er die feste Knochenmasse sich eingliederte, verstrickte er sich mit dem Mineralischen der Erde. Dadurch wurde ihm der Tod eingeboren, und nicht umsonst wird der Tod durch das Skelett dargestellt; solche Darstellung hat ihre große Berechtigung. Das ist die lebendige Kraft, die in der Lage ist, die Knochen einst wiederum zurückzuverwandeln, das heißt, allmählich in die Geistigkeit zu führen, was in der künftigen Mission der Erdentwickelung geschehen wird.«[13]

Aus diesem Grund durfte auch keine fremde Macht in dieses Knochengewebe des Jesus von Nazareth eingreifen. An ihm musste sich das Prophetenwort *»Ihr sollt keinen Knochen an ihm zerbrechen!«*[14] erfüllen, damit dasjenige, was als ein gewaltiger Zentralimpuls in die Erdenwelt kam, nicht durch einen fremden Einfluss zerstört wurde. In der Tat wurde dem Erlöser drei Jahre später bei seinem Tod am Kreuz im Gegensatz zu seinen Mitgekreuzigten kein Gebein zerbrochen.

5.3 Christus-Jesus

V om Zeitpunkt der Jordantaufe an haben wir nicht mehr den Jesus von Nazareth vor uns, sondern den *Christus-Jesus* oder *Jesus Christus*, das Ich bzw. der Geist des Christus in den drei Leibern (physischer Leib, Ätherleib und Astralleib) des Jesus von Nazareth, die diejenigen des nathanischen Jesusknaben waren. Das makrokosmische Christus-Ich wirkte drei Jahre im Körper des Jesus von Nazareth und sprach mit dessen Sprechwerkzeugen.

»Gerade darauf beruht der Christusbegriff, dass genau gefasst wird, was geschah, als in dem Menschen Jesus von Nazareth, der ausgebildet hatte alle erforderlichen Eigenschaften, der Christus hineinkam. Da hat man dann zwei Naturen darinnen, die zunächst erfasst werden müssen, obwohl sie sich auf einer höheren Stufe wieder in eine Einheit zusammenfassen. So lange hat man den Christus nicht in seiner vollen Gestalt erfasst, als man diese Zweigliedrigkeit nicht erfasst hat.«[15]

Der Name »Christus-Jesus« kann nur einen Sinn ergeben, wenn man eine göttliche (Christus) *und* eine menschliche (Jesus) Natur annimmt, die nur dadurch, dass sie ganz real zusammenwirken, dass sie eine ganz reale organische Einheit bilden, begriffen werden können. Der Christus war und ist der *einzige* Gott, der *jemals* in einen *physischen* Leib einzog. So wie der Mensch vor Urzeiten durch die luziferische Versuchung aus eigenem Verschulden aus geistigen Höhen in die Erdenwelt hinabgestiegen ist, stieg der Christus ihm jetzt freiwillig und aus reinster Liebe nach, damit die Menschen eines Tages aus der Sphäre der Materie erlöst werden können. Es war Christi freier Entschluss, das ganze Schicksal der Menschheit auf sich zu laden.

Schon mit dieser Menschwerdung vollbrachte der Christus ein großes Opfer, ein Opfer, das Voraussetzung für das große Opfer auf Golgatha war.

Nach der Taufe am Jordan konnte der Christus als Gottessohn *und* Menschensohn auf der Erde wandeln.

In den Evangelien ist ja recht ausführlich davon die Rede, was der Christus-Jesus während seines dreijährigen Erdendaseins gelehrt und gewirkt hat. Daran, dass es sich bei den Taten, die der Christus-Jesus gemäß den Berichten der Evangelien vollbracht hat, um ganz außergewöhnliche gehandelt hat, kann nicht der geringste Zweifel bestehen.

Es könnte jetzt vielleicht jemand einwenden und sagen: Ja, wenn der Christus ein so großes und erhabenes göttliches Wesen ist, dann ist es doch nicht verwunderlich, dass Er so Großartiges zu bewirken vermochte.

Nun ja, selbstverständlich hat der Christus sogar die Macht und die Kraft, noch viel Großartigeres und Unfassbareres zu bewirken.

Aber man darf dabei nicht vergessen, dass er nach seiner Menschwerdung auf die leiblichen Hüllen, die ihm der Jesus von Nazareth geopfert hatte, angewiesen war. Auch wenn diese Hüllen schon sehr gereinigt, geläutert und veredelt waren, wie das bei keinem anderen Menschen jemals der Fall war, so waren sie doch nicht so vollkommen, dass sie dem Christus-Geist, dem Christus-Ich völlig angemessen gewesen wären.

»Es wäre also falsch, wenn sich jemand vorstellen wollte, dass der Christus jetzt, weil er doch einer höheren Welt angehörte, aus der er herabgestiegen war, die höhere Welt gleich hätte anschauen können, Einblick in sie gehabt hätte. Die Christus-Wesenheit hatte alle möglichen Fähigkeiten, aber in den drei Hüllen des Jesus von Nazareth hatte sie nur die Fähigkeiten, die den drei Hüllen, den drei Leibern des Jesus von Nazareth entsprachen. Daher mussten sie auch so kompliziert vorbereitet werden, da die Fähigkeiten dieser drei Hüllen allerdings hohe Fähigkeiten waren, die mehr bedeuteten als die entsprechenden Fähigkeiten aller anderen Menschen auf der Erde. Aber der Christus war an sie gebunden.«[16]

Um einen plakativen Vergleich heranzuziehen, könnte man an einen Menschen denken, der eine sehr filigrane Tätigkeit ausführen möchte, den man aber zuvor in eine Ritterrüstung gesteckt hat.

Der Christus musste in diesen drei Jahren die Hüllen stufenweise weiter bearbeiten, weiter veredeln. Er musste sie immer weiter durchdringen und durcharbeiten, so dass sie immer vollkommener werden konnten. Dadurch wurde die Kraft des Christus-Jesus immer höher, so dass Er immer Großartigeres bewirken konnte. Das kommt auch in den sieben Zeichentaten, die man meistens als »Wunder« bezeichnet, von denen das Johannes-Evangelium schildert – von der Verwandlung von Wasser in Wein auf der Hochzeit zu Kana[17] bis zum Höhepunkt, der Auferweckung des Lazarus[18], – sehr deutlich zum Ausdruck. So hätte Er beispielsweise das zweite, dritte, vierte usw. ›Wunder‹ nicht schon in der Zeit vollbringen können, in der Er das erste vollbracht hat. Es geht hier also nicht um die Kraft des Christus, die natürlich immer in höchstem Maße da war und da ist, sondern um diejenige, die Er als Christus-Jesus in den Leibeshüllen des Jesus von Nazareth haben konnte.

Diese stufenweise Steigerung der Christuskraft, konnte hier nur angedeutet werden, um den Rahmen dieses Büchleins nicht zu sprengen. Einem Leser, der sich näher damit beschäftigen möchte, kann unser Buch *»Die Heilige Schrift im Erkenntnislicht der anthroposophisch orientierten Geisteswissenschaft«* empfohlen werden (☞ S. 127f.). In diesem Buch haben wir auch sehr ausführlich über das Mysterium von Golgatha, das in der Auferstehung Christi seinen Höhepunkt fand, geschrieben.

Es soll noch kurz erwähnt werden, dass die Lehren und Zeichentaten – so großartig und erhaben sie auch waren – *nicht* das Wesentliche waren, was der Christus in seiner dreijährigen Erdenmission den Menschen gebracht hat. Bei *Schelling* heißt es in der 25. Vorlesung seiner *»Philosophie der Offenbarungen«*:
»Christus ist nicht der Lehrer, wie man zu sagen pflegt, Christus ist nicht der Stifter, er ist der Inhalt des Christentums.«

Das Wesentliche, was der Christus, ein Wesen höchsten Ranges, den Menschen gebracht hat, war *Er selbst*! In menschlicher Gestalt, als *Ideal* oder *Repräsentant* des Menschen hat Er in seiner kurzen Erdenzeit die Entwicklung vorweggenommen, die den Menschen in unerdenklich langen Zeiträumen möglich sein kann. Das, was der Christus in kürzester Zeit urbildlich vorgelebt und in die Weltenentwicklung hineingestellt hat, ist etwas, was *jeder* Mensch in einer sehr, sehr langen Zeitspanne *selbst* erreichen *kann*.[19]
»Es muss darauf hingewiesen werden, dass der Christus-Impuls reales Leben ist, das auf die Menschheit einströmt, dass Christus der Welt keine Lehre, keine Theorie gebracht hat, sondern den Impuls eines neuen Lebens. [...] Christus dagegen, der als makrokosmische Realität wirkt, ist kein Lehrer wie die andern Lehrer, sondern er hat sich mit der Erde als eine Realität, eine Kraft, als Leben verbunden.«[20]

5.4 Meister Jesus

Wir wollen noch kurz die Frage aufwerfen, wie es mit dem Ich, also der Individualität des Zarathustra weitergegangen ist, nachdem dieses bei der Jordantaufe den Leib des Jesus von Nazareth verlassen hatte und in die geistige Welt ging. Dass eine so unfassbar hoch entwickelte Individualität auch später zu außergewöhnlichen Missionen – man könnte durchaus auch von Opfertaten sprechen – befähigt war, liegt auf der Hand.

Wie wir in Kapitel 2 (☞ S. 41) erläutert haben, wird der größte Teil des Äther- bzw. Lebensleibes etwa drei Tage nach dem Tod eines Menschen, nachdem die Bilder des Lebenspanoramas abgeflutet sind, in den Kosmos einverwoben. Nur einen gewissen Extrakt, der einen Wert für die Ewigkeit besitzt, nimmt der Mensch mit. Kurz bevor der zwölfjährige salomonische Jesus starb, hatte ja das Zarathustra-Ich dessen Leibeshüllen verlassen und sich in die leiblichen Hüllen des nathanischen Knaben eingesenkt. Der durch die Kräfte des Zarathustra-Ichs ausgebildete und veredelte Ätherleib des salomonischen Jesus war, als dieser sich im Augenblick des Todes vom physischen Leib trennte, ungleich wertvoller als der jedes anderen Menschen.

»Bei dem salomonischen Jesusknaben war das denkbar größte Quantum des Ätherleibes für die Ewigkeit brauchbar. Der ganze Lebensleib dieses Kindes wurde von der Mutter des nathanischen Jesus in die geistige Welt mitgenommen.«[21]

Es bestand eine tiefe Verwandtschaft zwischen dem in die übersinnliche Welt entrückten Ätherleib des salomonischen Jesus und dem Ich des Zarathustra, das mit ihm bis zum zwölften Lebensjahr eins im Erdenwandel war. Als dieses Ich bei der Jordantaufe den Leib des nathanischen Jesus verließ, machten sich die Anziehungskräfte zwischen dem Zarathustra-Ich und dem Ätherleib, der dem salomonischen Jesus entstammte und nun schon seit 18 Jahren in der geistigen Welt war, geltend. Sie kamen wieder zusammen und bauten sich einen neuen physischen Leib auf.

»Das Zarathustra-Ich war so reif, dass es nicht einen weiteren Durchgang durch ein Devachan [geistige Welt] **brauchte. Es konnte**

sich nach verhältnismäßig kurzer Zeit mit Hilfe jenes Ätherleibes, den wir eben charakterisiert haben, einen neuen physischen Leib aufbauen. Und dadurch wurde nunmehr zum ersten Male dasjenige Wesen geboren, welches nachher immer wieder und wieder erschien, immer so erschien, dass verhältnismäßig kurze Zeiträume zwischen dem physischen Tode und einer neuen Geburt verliefen, so dass dieses Wesen immer, wenn es den physischen Leib im Tode verließ, bald wieder auf der Erde neu inkarniert erschien.«[22]

Zarathustra baute sich später mit dem veredelten Ätherleib des salomonischen Jesusknaben, der nach dem Prinzip der »spirituellen Ökonomie« erhalten geblieben war, immer wieder einen neuen physischen Leib auf, um sich erneut inkarnieren zu können. In dieser Gestalt wirkt er jeweils als *»Meister Jesus«* und setzt sich zur Aufgabe, die christliche Geistesströmung auf der Erde zu inspirieren.

»Diese Wesenheit, welche also ihren auf die geschilderte Weise abgelegten Ätherleib wieder aufgesucht hat, wandelte nachher durch die Geschichte der Menschheit. Sie wurde, wie Sie sich vorstellen können, der größte Helfer derjenigen, welche das große Ereignis von Palästina begreifen wollten. Als sogenannter ›Meister Jesus‹ wandelt diese Individualität durch der Zeiten Wende; so dass also der Zarathustra, das Zarathustra-Ich, nach der Wiederauffindung seines Ätherleibes seine Laufbahn durch die Menschheitsentwickelung als der ›Meister Jesus‹ begann, der seitdem auf unserer Erde immer wieder und wieder verkörpert lebt zur Lenkung und Leitung jener Geistesströmung, die wir die christliche nennen. Er ist der Inspirator derjenigen, welche das sich lebendig entwickelnde Christentum verstehen wollen; er hat innerhalb der esoterischen Schulen diejenigen inspiriert, welche die Lehren des Christentums fortdauernd zu pflegen hatten. Hinter den großen geistigen Gestalten des Christentums steht er, immerdar lehrend, was eigentlich das große Ereignis von Palästina bedeutet.«[22]

Seit dem 14. Jahrhundert inkarniert er sich ebenso wie ein anderer Meister, *Christian Rosenkreuz*, in *jedem* Jahrhundert. Die beiden wechseln sich mit ihrem Erscheinen auf der Erde ab. Sie wirken meistens im Verborgenen und werden von der Masse der Menschen nicht in ihrer wahren Wesenheit und Bedeutung erkannt.

Es gibt im Übrigen noch weitere Meister, zu denen auch Rudolf Steiner gehört, die zur Unterweisung und Führung der Menschheit berufen sind, was hier aber nicht näher ausgeführt werden soll.

5.5 Sophia – die Mutter Jesu

In den Evangelien werden die Persönlichkeiten, von denen geschildert wird, immer mit ihrem *Namen* genannt. Auch im Johannes-Evangelium ist das der Fall. Es gibt nur zwei Ausnahmen: So wird der Schreiber des Evangeliums selbst nie namentlich erwähnt. Es heißt immer: »Der Jünger, den der Herr lieb hatte.« Die zweite Ausnahme betrifft die Mutter des Jesus von Nazareth. Von ihr ist an zwei Stellen die Rede. Zunächst wird sie bei der Erzählung von der Hochzeit zu Kana[23] und dann noch bei der Schilderung, die von der Kreuzigung[24] handelt, erwähnt. Auch sie wird merkwürdigerweise nie mit ihrem Namen genannt. Es steht dort an keiner Stelle »Maria« oder »Maria, die Mutter Jesu«. Sie wird jeweils nur immer als »Mutter Jesu« bezeichnet.

Wie wir wissen ist es diejenige Persönlichkeit, die den salomonischen Jesus geboren hat und die dann nach der Verschmelzung der beiden Jesusknaben im Hause des nathanischen Jesus, in den im zwölften Lebensjahr das Ich des salomonischen, also des Zarathustra, eingezogen war, lebte. Sie war der Leiblichkeit nach die Stief- oder Ziehmutter des Jesus von Nazareth. Auch wenn sie den salomonischen Jesus in dem in Kapitel 3 skizzierten Sinn jungfräulich empfangen hat, kann bei ihr nicht die Rede davon sein, dass sie Jungfrau geblieben ist, da sie ja nach Jesus noch weitere sechs Kinder bekam.

Dennoch ist es auch hier wieder völlig berechtigt, sie als »Jungfrau« zu bezeichnen, wenngleich das jetzt noch viel schwieriger zu verstehen ist.

Wir haben ja bereits erläutert, dass kurz vor der Taufe bei dem Gespräch mit Jesus eine gewaltige Veränderung seiner Mutter vor sich gegangen ist (☞ Kapitel 4, S. 89ff.). Bei der Taufe am Jordan geschah nun noch etwas höchst Außergewöhnliches. Als sich die unendliche Fülle des kosmischen Christus in die vom Zarathustra-Ich verlassenen Leibeshüllen des Jesus von Nazareth herabsenkte, konnte das nicht ohne Wirkungen in der Umgebung des Jesus bleiben. Die unmittelbarste Wirkung war, dass sich eine Verwandlung mit der Stiefmutter Jesu vollzog. Sie fühlte sich wie durchdrungen von der Seele jener Mutter, die den nathanischen Jesus geboren hatte und schon vor etwa achtzehn Jahren gestorben war. In einer ähnlichen Art wie der Christus-Geist auf Jesus von Nazareth herabgekommen war, so hatte die Stiefmutter die Seele der anderen Mutter, die in der geistigen Welt weilte, empfangen. Von diesem Moment an fühlte sie sich wie die junge Mutter, die den nathanischen Jesusknaben zur Welt gebracht hatte. Dadurch erhielt sie ihre Jungfrauschaft zurück.

»In demselben Augenblick, als sich der Geist des Christus in den Leib des Jesus von Nazareth hineinsenkte und eine Verwandlung vorging, wie wir sie beschrieben haben, da wurde auch auf die Mutter des Jesus von Nazareth eine Wirkung ausgeübt. Und diese Wirkung besteht darinnen, dass sie in diesem Augenblick der Johannes-Taufe wiederum zurückerhielt ihre Jungfräulichkeit, das heißt, sie wurde in ihrer inneren Organisation so, wie die weibliche Organisation vor der jungfräulichen Reife ist. Die Mutter des Jesus von Nazareth wurde bei der Geburt des Christus Jungfrau.«[25]

»Empfangen hatte die Seele der Stief- oder Ziehmutter die Seele jener anderen Mutter. Es war wie eine Art Wiedergeburt zur Jungfräulichkeit, was hier stattgefunden hat. Diese Wandlung, diese Durchsetzung der Seele der Mutter mit einer anderen Seele aus den geistigen Welten, sie macht in der Beobachtung allerdings einen tief, tief ergreifenden Eindruck, wenn man sieht, wie jetzt weiterhin die Stief- oder Ziehmutter eigentlich nur als Hülle derjenigen Mutter herumwandelt, welche die Zeit von Jesu zwölftem bis dreißigstem Jahre in der geistigen Welt zugebracht hat.«[26]

Es senkte sich also das Unsterbliche der früh verstorbenen Mutter des nathanischen Jesus herab und verwandelte die zu diesem Zeitpunkt etwa 45-jährige Stiefmutter und machte sie wieder jungfräulich. So wurde dem Jesus die Seele jener Mutter, die er früh verloren hatte, bei der Jordantaufe wiedergegeben.

»Diese Mutter, die ihm geblieben ist, birgt also in sich die Seele seiner ursprünglichen Mutter, die in der Bibel die gebenedeite Maria genannt wird (Lukas, 1, 28).«[27]

Somit ist es völlig richtig, *beide* Mütter als »Jungfrau« zu bezeichnen, sofern man es nicht in dem heute üblichen Sinn auffasst.

»Diese ohne Geburt lebende Mutter ist ›Sophia‹. Die Jungfrau Maria ist die Sophia der Mysterien, die göttliche Weisheit oder die Jungfrau Maria – Madonna.«[28]

Die Madonna ist die Vereinigung des Ichs der salomonischen Maria mit dem reinen und vergeistigten Äther- und Astralleib der nathanischen Maria. In den alten christlichen Mysterien findet man auch nie »Maria« als Namen für die Mutter Jesu. Dort wurde sie immer »Sophia«, was »Weisheit« bedeutet, genannt. Ähnlich wie aus dem Jesus von Nazareth der Christus-Jesus wurde, nachdem das Christus-Ich in die leiblichen Hüllen eingezogen war, wurde aus der salomonischen Maria die Sophia, nachdem sie von der nathanischen Maria durchseelt wurde.

Die Maria, die insbesondere im Katholizismus berechtigterweise hoch verehrt wird, ist also diejenige Persönlichkeit, die auf so komplizierte Art bei der Taufe Jesu am Jordan geworden ist und im esoterischen Christentum als »Sophia« bezeichnet wird.

Als »Jungfrau Sophia« wird in der christlichen Esoterik auch der von allen niederen sinnlichen Begierden und zum Geistselbst erhöhte Astralleib bezeichnet.

»Die christliche Esoterik nannte diesen gereinigten, geläuterten astralischen Leib, der in dem Augenblick, wo er der Erleuchtung unterworfen ist, nichts von den unreinen Eindrücken der physischen Welt in sich enthält, sondern nur die Erkenntnisorgane der geistigen Welt, die ›reine, keusche, weise Jungfrau Sophia‹. Durch alles das, was der Mensch aufnimmt in der Katharsis, reinigt und läutert er seinen astralischen Leib zur ›Jungfrau Sophia‹.«[29]

Johannes wollte nicht den Profan-Namen »Maria« für die Mutter Jesu wählen. Er wusste, dass sie durch diese Verwandlung nicht mehr Maria genannt werden konnte. Daher schrieb er einfach von der »Mutter Jesu«. Dadurch deutete er an, dass er ihren wahren neuen Namen nicht nennen wollte, dass er öffentlich nicht bekanntgegeben werden durfte.[30]

In der Zeitenwende
Trat das Welten-Geistes-Licht
In den irdischen Wesensstrom;
Nachtdunkel hatte ausgewaltet,
Taghelles Licht
Erstrahlte in Menschenseelen

Rudolf Steiner[31]

Anhang

Rudolf Steiner und die Anthroposophie

Der wohl höchste Eingeweihte, der in der neueren Zeit im Abendland aufgetreten ist, war *Rudolf Steiner*, der Begründer der *»Anthroposophie«*. Da die meisten Ausführungen in diesem Buch ganz wesentlich auf seinen Erkenntnissen und Forschungsergebnissen basieren, soll er hier in aller Kürze vorgestellt werden.

Rudolf Steiner wurde am 25. Februar 1861 in Kraljevec (damals Österreich-Ungarn) geboren. Schon in seiner Kindheit, die er an verschiedenen Orten Österreichs verbrachte, erlebte er, dass sich ihm eine übersinnliche Welt eröffnete, die, wie er bald erkennen musste, für alle anderen Menschen aus seinem Umfeld nicht vorhanden war.

Über seine reichhaltigen übersinnlichen Erfahrungen und Erlebnisse hüllte er sich aber vier Jahrzehnte lang in Schweigen.

In seinen späteren Lebensjahren sagte er einmal, dass es ein okkultes Gesetz gebe, dass man über geistige Erkenntnisse erst dann öffentlich reden dürfe, nachdem man alles, was andere an solchen Erkenntnissen bereits aufgenommen und dargestellt haben, selbst aufgenommen und verarbeitet habe.

Schon sehr früh wurde ihm klar, dass man alle Erscheinungen und Tatsachen der physischen Welt nur dann im wahren Licht sehen kann, wenn man ihre Ursachen und Hintergründe kennt, die *ausschließlich* in geistigen Welten zu finden sind.

Nach dem Abitur studierte Rudolf Steiner von 1879 bis 1882 an der Technischen Hochschule in Wien Mathematik, Naturwissenschaft,

Literatur, Philosophie und Geschichte. Zehn Jahre später promovierte er zum Doktor der Philosophie an der Universität Rostock.

In seinen ersten Lebensjahrzehnten ging er durch mancherlei seelische Prüfungen, bis es um die Wende zum 20. Jahrhundert zu einem für sein weiteres Leben entscheidenden Erlebnis kam, zu dem er in seinem Buch *»Mein Lebensgang«* (GA 28) schreibt:

»Auf das geistige Gestanden-Haben vor dem Mysterium von Golgatha in innerster ernstester Erkenntnis-Feier kam es bei meiner Seelen-Entwickelung an.«[1]

Wir können uns vorstellen, dass diese innere Christusbegegnung wie eine gewaltige Frage vor seiner Seele stand. Es war die Frage, ob er bereit sei, sein weiteres Leben in den Dienst Christi zu stellen. Wenn man auf seine rastlose Tätigkeit, seinen aufopfernden Dienst an der Menschheit in den folgenden rund 25 Jahren schaut, ist klar, dass er diese Frage mit einem uneingeschränkten »**JA, ich will!**« beantwortet hat.

Rudolf Steiner musste sich die Frage vorlegen, wie seine übersinnlichen Einsichten und Erkenntnisse mit den naturwissenschaftlichen Methoden und Ansichten, die das Bewusstsein der modernen Menschen beherrschten, zu vereinbaren seien. Zunächst knüpfte er an die bis dahin nur wenig gewürdigten Erkenntnis-Ansätze in Goethes naturwissenschaftlichen Schriften an, bevor er mit der Darstellung seiner eigenen Erkenntnistheorie begann, die 1894 mit der Fertigstellung seines Werkes *»Philosophie der Freiheit«* ihren Abschluss fand. Mit dieser rein philosophischen Arbeit, in der er noch nicht auf irgendwelche okkulte Tatbestände Bezug nahm, zeigte er einen Weg auf, der die moderne Wissenschaft zur Anerkennung des Übersinnlichen führen könnte.[2]

Erst nach vielen Studien und vorbereitenden Tätigkeiten beendete er kurz nach der Jahrhundertwende im Alter von nun 40 Jahren sein Schweigen über seine übersinnlichen Erfahrungen und Erkenntnisse. Zunächst fand er nur in den Reihen der 1875 von *Helena Petrowna Blavatsky*, geb. *Hahn* und *Henry Steel Olcott* begründeten *»Theosophischen Gesellschaft«* eine geeignete Zuhörerschaft. Steiner wahrte stets seine völlige Selbständigkeit und stellte im Gegensatz zur üblichen theosophischen Lehre das »Christus-Ereignis« als den Mittelpunkt des Weltgeschehens dar.

1913 trennte er sich von der Theosophischen Gesellschaft und gründete die *»Anthroposophische Gesellschaft«*. Nun konnte er seine geistige Unabhängigkeit und Selbständigkeit auch im Äußeren bewahren. In der Zwischenzeit hatte er eine Reihe von Büchern geschrieben, in denen er seine geistigen Forschungsergebnisse der Öffentlichkeit zugänglich machte.

Das Arbeitspensum, das er sich von nun an bis an sein Lebensende auferlegte, übersteigt jedes menschliche Vorstellungsvermögen. Dabei wurde er von der Einsicht angetrieben, dass es eine Notwendigkeit der gegenwärtigen Zeit sei, gesicherte geistige Erkenntnisse in die Welt zu bringen. Neben seinen weiteren permanenten Forschungen in der geistigen Welt und unzähligen anderen Betätigungen und Verpflichtungen fuhr er zu Vortragsreisen durch ganz Europa. Insgesamt hat er rund 6.000 Vorträge gehalten, in denen er seine umfassenden übersinnlichen Erkenntnisse und Forschungsergebnisse darstellte. Die Vorträge, die der breiten Öffentlichkeit zugänglich waren, wurden zum Teil von bis zu 2.000 Menschen besucht. Über intime Erkenntnisse sprach er nur im Kreise der Anthroposophischen Gesellschaft, wo er davon ausgehen konnte, dass die Zuhörer schon durch andere Vorträge oder Kurse für diese Themen vorbereitet waren. Dutzende seiner Vorträge hielt er für bestimmte Berufsgruppen, die ihn darum baten, zu ihnen zu sprechen: Ärzte, Lehrer, Theologen, Landwirte usw. Hier sorgte er immer wieder mit seinem höchst erstaunlichen *Fach*wissen für Verwunderung. Neben allen seinen sonstigen Verpflichtungen nahm sich Rudolf Steiner in seinen letzten Lebensjahren noch nahezu täglich die Zeit, unzählig vielen Menschen, die mit ihren kleinen und großen Sorgen zu ihm kamen, Rat zu geben.

Rudolf Steiner starb am 30. März 1925 in Dornach (Schweiz). Er hinterließ ein so umfassendes Lebenswerk, dass es noch Jahrhunderte dauern wird, bis es in seiner Gänze und all seinen Auswirkungen von der Menschheit überschaut und hinreichend gewürdigt werden kann. Zu seiner Hinterlassenschaft gehören etliche von ihm geschriebene Werke und weit mehr als 300 Bücher, die mittlerweile herausgegeben worden sind und Mitschriften seines Vortragswerkes darstellen. Mit seiner Anthroposophie hat er der Welt etwas Einzigartiges vermacht.

Dass Rudolf Steiner gerade zu Beginn des 20. Jahrhunderts von der geistigen Welt beauftragt wurde, den Menschen die Geisteswissenschaft zu bringen, ist gewiss kein ›Zufall‹. Im Jahre 1899 endete das sogenannte »Kali Yuga«, das »Finstere Zeitalter«, wie es in allen okkulten Traditionen genannt wird. Dieses Menschheitszeitalter dauerte insgesamt etwa 5.000 Jahre. In dieser Zeitspanne war es wichtig, dass der ›Schleier‹, der die geistige Welt von der Erdenwelt trennt, immer dichter, immer undurchsichtiger wurde. Die Menschen sollten immer mehr vor die Aufgabe gestellt werden, die Erde zu bearbeiten sowie die gesamte physische Welt zu ergreifen und zu verstehen. Somit musste auch das alte Hellsehen, das zuvor noch eine ganz natürliche menschliche Fähigkeit war, nach und nach verloren gehen. Die Menschen mussten von den Göttern unabhängig werden und ihre Selbständigkeit und Verstandeskräfte erringen.

Dazu war es auch notwendig, dass die Naturwissenschaften in die Welt kamen. Vor rund 2.400 Jahren war es Aristoteles, der mit seiner Begründung der »Logik« die Voraussetzungen bzw. Grundlagen für eine präzise und folgerichtige Erforschung der Natur schuf. Die Naturwissenschaften erreichten im 19. Jahrhundert ihren ersten großen Höhepunkt. Nun, nach Ablauf des Kali Yuga, wurde es notwendig, dass auch eine geistige Wissenschaft in die Welt kam.

Das war die gewaltige Lebensaufgabe Rudolf Steiners. Seine Anthroposophie ist keine okkulte Lehre im herkömmlichen Sinne. Sie verbindet das, was man über das Sinnliche wissen kann, mit dem, was an Erkenntnissen nur aus geistigen Welten geholt werden kann. Anthroposophie stellt gewissermaßen die *Synthese* zwischen den Lehren der großen christlichen Kirchen (These) und denen der Wissenschaften (Antithese) dar. Im Gegensatz zu den anderen Wissenschaftlern war Steiner einer, der die Grenze, welche die übersinnliche von der sinnlichen Welt trennt, zu überschreiten vermochte. Seine Darstellungen sind daher nicht nur wissenschaftlich, sondern *über*-wissenschaftlich. Somit kann die Anthroposophie auch mit

Recht als »Geistes*wissenschaft*« bezeichnet werden. Sie ist eine ebenso präzise Geisteswissenschaft wie die Mathematik.

Rudolf Steiner sprach sich immer wieder in aller Entschiedenheit gegen Dogmatismus aus, weil er jedwede Form von autoritativen Belehrungen als unzulässigen Eingriff in die menschliche Freiheit ansah. Daher wollte er für seine Anhänger auch niemals als ›Guru‹ gelten, dem man alle Aussagen nur aufgrund seiner persönlichen Autorität abnehmen sollte. Er forderte vielmehr immer wieder auf, seine Schilderungen mit allen zur Verfügung stehenden Mitteln kritisch zu hinterfragen und zu überprüfen. Die Lehren der Anthroposophie stehen weder im Widerspruch zu den Erkenntnissen der modernen Naturwissenschaften noch zu den Lehren des Christentums. Sie machen ganz im Gegenteil letztere erst so recht verständlich. Die Anthroposophie vermag es somit, die Kluft zwischen Wissen und Glauben zu überbrücken.

Es gibt heute im Übrigen eine ganze Reihe von Errungenschaften und Einrichtungen, die aus der Anthroposophie geflossen sind. Hierzu sind insbesondere die »Waldorfpädagogik« und die »Waldorfschulen«, die »anthroposophisch orientierte Medizin«, die »Eurythmie«, der »biologisch-dynamische Anbau« in der Landwirtschaft und die »Christengemeinschaft« (»Bewegung für religiöse Erneuerung«) zu zählen. In all diesen Fällen stand Rudolf Steiner denjenigen, die als Gründer auftraten, mit Rat und Tat zur Seite.

✳✳✳✳✳✳✳✳✳✳✳✳✳✳✳✳✳✳✳✳✳

Etliche Zeitgenossen und Weggefährten Rudolf Steiners veröffentlichten später ihre Erinnerungen an den großen Geisteslehrer.

Wir wollen hier nur exemplarisch zitieren, was der namhafte französische Schriftsteller und Theosoph *Édouard Schuré* (1841 bis 1929) über seine *erste* Begegnung mit Rudolf Steiner schrieb:

»Im Jahre 1902 hatte mir Marie von Sivers zum ersten Male von Rudolf Steiner geschrieben, von jener Persönlichkeit, deren Erkenntnisse alles überragten, was bis jetzt von Menschen aus dem esoterischen Schatz gehoben worden sei. Im Jahre 1906 kam Rudolf

Steiner mit Marie von Sivers nach Paris, um Vorträge zu halten.
[...]
Ich hatte zwar einen Menschen erwartet, der nach allem, was ich durch Marie von Sivers gehört und auch anderweitig gelesen hatte, ein Weggenosse nach meinem Ziele sein könne, aber eigentlich war ich noch etwas gleichgültig (die Zeitverhältnisse hatten das mit sich gebracht), als Rudolf Steiner zu mir kam.

Als er dann in der Tür stand, und mich ansah mit den Augen, die ein Wissen von unendlichen Tiefen und Höhen der Entwicklung verrieten, mit seinem fast asketischen Gesicht, das zugleich Güte und unbegrenztes Vertrauen ausdrückte und einflößte, da machte er mir einen erschütternden Eindruck, wie ich ihn nur zweimal noch in meinem Leben, und teilweise weniger stark, empfunden hatte (bei Richard Wagner und bei Margherita Albana Mignaty). Zwei Dinge waren mir da auf einmal sehr klar, bevor Rudolf Steiner nur gesprochen hatte:

Zum allerersten Mal war ich gewiss, einen Eingeweihten vor mir zu haben. Lange hatte ich im Geiste mit den Eingeweihten des Altertums gelebt, deren Geschichte und Entwicklung ich habe aufzeichnen dürfen. Und hier stand nun endlich einer vor mir auf dem physischen Plan.

Und noch ein Zweites war mir klar in diesem kurzen Augenblick, da wir gegenseitig alles um uns herum vergaßen, und nur in uns hineinschauten: Ich war gewiss, dass dieser Mensch, der da vor mir stand, eine große Rolle in meinem Leben spielen würde.«[3]

Dann schilderte Édouard Schuré über die Vorträge, die Rudolf Steiner in Paris hielt:

»Zunächst waren es deren plastische Kraft. Wenn er von den Erscheinungen und Geschehnissen der übersinnlichen Welt sprach, war es. als wäre er darin wie bei sich zu Hause. Er erzählte in verständlicher Sprache, was sich in diesen unbekannten Regionen zuträgt, sowohl mit den verblüffenden Details als auch mit den ganz gewöhnlich erscheinenden Vorgängen.
*Er beschrieb nicht, er **schaute** die Dinge und Szenen und ließ sie schauen, wobei einem die kosmischen Erscheinungen wie wirkliche Dinge des physischen Plans vorkamen. Wenn man ihn anhörte,*

konnte man nicht an seiner geistigen Schau zweifeln, die so klar war wie ein physisches Schauen, nur weit ausgedehnter.

Ein anderes auffallendes Merkmal:

Bei diesem Philosophen-Mystiker, bei diesem Denker und Schauenden wurden alle Seelenvorgänge in Verbindung gesetzt mit den unveränderlichen Gesetzen der physischen Natur. Diese Gesetze dienten dazu, die geistigen Erscheinungen zu erklären. [...]

Was die Wirkung der Vorträge anbetrifft, so war mir vor allem klar, welch großer Abstand die indische Lehre, die in der damaligen Theosophie allzu großen Platz ergriffen hatte, von dem trennte, was Rudolf Steiner hier vorbrachte. Hat man doch immer wieder den Vorwurf gegen ihn erhoben, er wolle die indische Religion einfach europäisieren. Zum ersten Male erkannte ich da, und ich wurde in meinem eigenen Suchen und Erkennen bestärkt, dass dasjenige, was Rudolf Steiner mit der Anthroposophie gegeben hat, als Zentrum nur Christus hat und dass er das gab, was man die christliche Theosophie zu jener Zeit (1906) nennen konnte und nannte, während ja die übrige Theosophie wirklich nur orientalisch war. Die Mitglieder der französischen theosophischen Gesellschaft, die einen großen Teil der Zuhörer im ›Salle Reynouard‹ ausmachten, waren über diese Wendung der Dinge am meisten erstaunt. Für sie schien die Theosophie plötzlich eine andere, wenn auch etwas schwieriger erscheinende, aber doch weit klarere Seite gewonnen zu haben. Mit dem, was geboten war, sahen sie sich besser in die Gegenwart hineinversetzt, obwohl sie sich kaum schon vergegenwärtigten, dass hier die wirkliche christliche Esoterik wieder neu erstand.«[4]

Die zwei Jesusknaben in der Malerei

W ie bereits in Kapitel 1 erwähnt sind im Spätmittelalter und auch noch in der frühen Neuzeit einige Gemälde geschaffen worden, auf denen neben der Mutter Jesu – und manchmal noch anderen Persönlichkeiten – *zwei* etwa gleichaltrige Knaben zu sehen sind.

Theologen, die nicht von den zwei Jesusknaben wissen oder diese Tatsache ins Reich der Fabeln verweisen, vertreten die Auffassung, dass es sich bei dem zweiten Jungen um Johannes den Täufer handele, von dem man weiß, dass er etwa im gleichen Alter wie die beiden Jesusknaben war und dass sie miteinander bekannt waren.

Es soll nicht ausgeschlossen werden, dass es in der Intention *einiger* Künstler gelegen haben mag, Jesus und Johannes darzustellen. Einigen Malern war aber durchaus bekannt, dass es zwei Jesusknaben gegeben hat. Sie wollten auf ihren Gemälden eben genau *diese* beiden darstellen.

Ein besonders bemerkenswertes Bild (☞ S. 121) befindet sich in der frühchristlichen Kirche Sant'Ambrogio in Mailand. Es stammt aus der Schule des *Borgognone*, der von etwa 1450 bis 1523 lebte.

Im Zentrum des Bildes sitzt der zwölfjährige Jesus auf einem erhöhten Platz im Tempel, wo er die Schriftgelehrten, die sich links von ihm befinden, unterweist. Rechts von ihm sind seine Eltern zu sehen. Bis dahin ist ja noch alles ganz gut verständlich.

Aber wer ist der Knabe, der vorne links ins Bild gesetzt wurde und gerade im Begriff zu sein scheint, den Tempel zu verlassen? Die beiden Knaben sind offensichtlich etwa gleich alt und weisen auch eine gewisse Ähnlichkeit auf. Wie man auf dem Originalgemälde deutlich besser als auf dem Foto sehen kann, ist der Knabe vorne links recht blass. Auch sein Kleid ist etwas ausgebleicht.

Dieses Bild ist ein klares Indiz dafür, dass in eingeweihten Kreisen früherer Jahrhunderte das Geheimnis von den zwei Jesusknaben, das der Maler hier grandios in Szene setzt, durchaus bekannt war. Jemand, der dieses Mysterium nicht kennt, hat im Grunde keine Chance, dieses Gemälde sachgemäß zu interpretieren.

Für uns liegt die Interpretation auf der Hand.

Auf dem erhöhten Stuhl sitzt der, den man jetzt als Jesus von Nazareth bezeichnen kann. Es sind die körperlichen Hüllen des nathanischen Jesusknaben, in die kurze Zeit zuvor das weise Ich des Zarathustra eingezogen ist. Der Knabe im Vordergrund trägt noch die Leiblichkeit des salomonischen Knaben, der, nachdem ihn das Zarathustra-Ich verlassen hat, in Kürze durch die Pforte des Todes schreiten wird. Dieser scheint im Moment im Mittelpunkt des Interesses zu stehen. Aller Augen sind auf ihn gerichtet. Die Blicke haben etwas Wehmütiges, etwas von Abschiednehmen.

Quellennachweis

Bei den Werken Rudolf Steiners sind hier die offiziellen Nummern der Gesamtausgabe (GA-Nr.) verwendet worden. Die kompletten Angaben zu allen Werken, soweit sie für dieses Buch relevant waren, finden Sie im Literaturverzeichnis.

Vorspann und Vorwort

1 Steiner, GA 342, S. 510
2 Steiner, GA 114, S. 107f.

Kapitel 1 (Die Kindheitsgeschichte Jesu in den Evangelien)

1 Lukas 1, 26 – 38 und 2, 1 – 35
2 Matthäus 1, 18 – 25 und 2, 1 – 23
3 Lukas 3, 23 – 38
4 Matthäus 1, 1 – 17
5 https://anthrowiki.at/Die_zwei_Jesusknaben (04.02.2025)
6 Matthäus 2, 10ff.
7 Matthäus 2, 13
8 Steiner, GA 114, S. 93
9 »Katechismus der katholischen Kirche« (2003), Nr. 366, S. 124
10 entnommen aus Zürrer, S. 297

Kapitel 2 (Was ist der Mensch? – Die Wesensglieder des Menschen)

1 vgl. Steiner, GA 175, S. 172
2 Steiner, GA 143, S. 49f.
3 Steiner, GA 143, S. 163
4 Steiner, GA 155, S. 228
5 https://www.aphorismen.de/zitat/63154 (04.02.2025)
6 Bock, S. 160

Kapitel 3 (Die zwei Jesusknaben)

1 Anmerkung: Auch die Erde ist ein *Wesen*, das genau wie der Mensch dem Gesetz der Reinkarnation unterliegt. Mit »Saturn-, Sonnen- und Mondenzeit« sind die drei Inkarnations- bzw. Entwicklungsstufen der Erde gemeint, die dem gegenwärtigen Zustand vorausgingen.
1 Steiner, GA 142, S. 117 und vgl. Steiner, GA 152, S. 93
2 vgl. 1. Mose 3, 1ff.

3   vgl. Steiner, GA 114, S. 89
4   vgl. Steiner GA 148, S. 191
5   Steiner, GA 131, S. 180f.
6   Steiner, GA 131, S. 175
7   Steiner, GA 110, S. 150
8   Steiner, GA 114, S. 71
9   Steiner, GA 117, S. 122f.
10 Steiner, GA 114, S. 50f.
11 vgl. Steiner, GA 114, S. 108
12 Steiner, GA 163, S. 69f.
13 Steiner, GA 234, S. 60f.
14 Steiner, GA 103, S. 200
15 Lukas 1, 35
16 Steiner, GA 123, S. 28
17 Steiner, GA 123, S. 27
18 Steiner, GA 114, S. 102
19 Steiner, GA 123, S. 115
20 Steiner, GA 264, S. 227
21 Steiner, GA 123, S. 70
22 https://anthrowiki.at/Heilige_Drei_K%C3%B6nige (06.02.2025)
23 Steiner, GA 114, S. 97

Kapitel 4 (Jesus von Nazareth)

1   Steiner, GA 114, S. 110
2   vgl. Steiner, GA 131, S. 181
3   Steiner, GA 123, S. 125
4   vgl. Steiner, GA 123, S. 124f.
5   Steiner, GA 117, S. 124
6   Steiner, GA 123, S. 124
7   Steiner, GA 15, S. 74f.
8   Steiner, GA 112, S. 43f.
9   Steiner, GA 112, S. 44
10 vgl. Steiner, GA 112, S. 281f.
11 vgl. Johannes 21, 25
12 Steiner, GA 148, S. 57
13 Steiner, GA 148, S. 58
14 Steiner, GA 148, S. 60
15 Steiner, GA 148, S. 66
16 Steiner, GA 148, S. 69
17 vgl. Matthäus 17, 12f.
18 Steiner, GA 148, S. 83f.

Kapitel 5 (Johannes der Täufer und die Menschwerdung Christi)

1 *»Katechismus der katholischen Kirche«* (2003), Nr. 1224, S. 343
2 vgl. Steiner, GA 114, S. 107
3 Steiner, GA 112, S. 114f.
4 Steiner, GA 112, S. 115f.
5 von Halle, S. 184
6 Steiner, GA 103, S. 206
7 vgl. Steiner, GA 35, S. 167f..
8 Steiner, GA 123, S. 139
9 Steiner, GA 112, S. 40f.
10 Steiner, GA 103, S. 207
11 Steiner, GA 105, S. 174
12 Steiner, GA 105, S. 175
13 Steiner, GA 105, S. 175f.
14 2. Mose 12, 46
15 Steiner, GA 121, S. 181
16 Steiner, GA 148, S. 317
17 Johannes 2, 1ff.
18 Johannes 11, 1ff.
19 vgl. Frieling, S. 33
20 Steiner, GA 130, S. 150f.
21 Steiner, GA 114, S. 136
22 Steiner, GA 114, S. 137
23 Johannes 2, 2f.
24 Johannes 19, 25
25 Steiner, GA 112, S. 185
26 Steiner, GA 148, S. 146
27 Steiner, GA 114, S. 112
28 Steiner, GA 117a, S. 66f.
29 Steiner, GA 103, S. 201
30 vgl. Steiner, GA 103, S. 203f.
31 Steiner, GA 260, S. 283 (Auszug aus dem Grundsteinspruch)

Anhang

1 Steiner, GA 28, S. 388
2 vgl. Frieling, S. 73
3 Wachsmuth, S. 88
4 Wachsmuth, S. 88f.

Literaturverzeichnis

I. Werke von Rudolf Steiner

Alle Werke von Rudolf Steiner wurden herausgegeben von der *»Rudolf Steiner-Nachlassverwaltung«* und sind im *»Rudolf Steiner Verlag«*, Dornach/Schweiz erschienen. Dort kann auch der *»Katalog des Gesamtwerks«* angefordert werden. Die bisher im Rahmen der Gesamtausgabe des Werkes Rudolf Steiners erschienenen Bücher sind durch die »Freie Verwaltung des Nachlasses von Rudolf Steiner« im Internet unter

http://www.steiner.wiki/Die_Rudolf_Steiner_Gesamtausgabe

frei verfügbar. (Stand 08.02.2025)

Im Folgenden sind nur diejenigen Werke aufgeführt, die der Verfasser für dieses Buch herangezogen hat.

GA   15   *Die geistige Führung des Menschen und der Menschheit – Geisteswissenschaftliche Ergebnisse über die Menschheits-Entwicklung. (1911) 1987*

GA   28   *Mein Lebensgang. (1923-25) 2000*

GA   35   *Philosophie und Anthroposophie – Gesammelte Aufsätze. (1904-1923) 1984*

GA   103   *Das Johannes-Evangelium. (1908) 1995*

GA   105   *Welt, Erde und Mensch, deren Wesen und Entwickelung sowie ihre Spiegelung in dem Zusammenhang zwischen ägyptischem Mythos und gegenwärtiger Kultur (1908) 1983*

GA   110   *Geistige Hierarchien und ihre Wiederspiegelung in der physischen Welt – Tierkreis, Planeten, Kosmos. (1909) 1991*

GA   112   *Das Johannes-Evangelium im Verhältnis zu den drei anderen Evangelien besonders zu dem Lukas-Evangelium. (1909) 1984*

GA   114   *Das Lukas-Evangelium. (1909) 2001*

GA   117   *Die tieferen Geheimnisse des Menschheitswerdens im Lichte der Evangelien. (1909) 1986*

GA 117a *Das Johannes-Evangelium und die drei anderen Evangelien.*

GA   121   *Die Mission einzelner Volksseelen im Zusammenhange mit der germanisch-nordischen Mythologie. (1910) 1982*

GA   123   *Das Matthäus-Evangelium. (1910) 1988*

GA   130   *Das esoterische Christentum und die geistige Führung der Menschheit. (1911/12) 1995*

GA   131   *Von Jesus zu Christus. (1911) 1988*

GA   142   *Die Bhagavad Gita und die Paulusbriefe. (1912/13) 1982*

GA 143 *Erfahrungen des Übersinnlichen – Die drei Wege der Seele zu Christus* (1912) 1994
GA 148 *Aus der Akasha-Forschung – Das Fünfte Evangelium.* (1913/14) 1992
GA 152 *Vorstufen zum Mysterium von Golgatha.* (1913/14) 1990
GA 155 *Christus und die menschliche Seele – Über den Sinn des Lebens – Theosophische Moral – Anthroposophie und Christentum.* (1912-14) 1994
GA 163 *Zufall, Notwendigkeit und Vorsehung. Imaginative Erkenntnis und Vorgänge nach dem Tode.* (1915) 1986
GA 175 *Bausteine zu einer Erkenntnis des Mysteriums von Golgatha – Kosmische und menschliche Metamorphose.* (1917) 1996
GA 234 *Anthroposophie – Eine Zusammenfassung nach einundzwanzig Jahren.* (1924) 1994
GA 260 *Die Weihnachtstagung zur Begründung der Allgemeinen Anthroposophischen Gesellschaft.* (1923/1924) 1994
GA 264 *Zur Geschichte und aus den Inhalten der ersten Abteilung der Esoterischen Schule.* (1904-1914) 1996
GA 342 *Vorträge und Kurse über christlich-religiöses Wirken II* (1921) 1993

II. Werke anderer Autoren

Bock, Emil: *Der Kreis der Jahresfeste.* Frankfurt: Fischer Verlag 1982
Frieling, Rudolf: *Christentum und Wiederverkörperung.* Christengemeinschaft in der Deutschen Demokratischen Republik, später Urachhaus 1986
von Halle, Judith: *Vom Mysterium des Lazarus und der drei Johannes.* Dornach: Verlag für Anthroposophie 2009
Wachsmuth, Günther Dr.: *»Rudolf Steiners Erdenleben und Wirken – Von der Jahrhundertwende bis zum Tode – Die Geburt der Geisteswissenschaft«*: Dornach (Schweiz). Philosophisch-anthroposophischer Verlag am Goetheanum 1964
Zürrer, Ronald: *Reinkarnation – Die umfassende Wissenschaft der Seelenwanderung.* Zürich: Sentient Press 1992

Buchempfehlung

**Die Heilige Schrift
im Erkenntnislicht der
anthroposophisch orientierten
Geisteswissenschaft**

**Entschlüsselung
biblischer Geheimnisse**

© Justen, Josef F. (2022)
BoD-Books on Demand, Norderstedt

ISBN: 978-3-7568-6406-5
Paperback: 380 Seiten (17 × 22 cm)
Print: 17,99 €; E-Book 6,99 €

Die Bibel wird zu Recht als *Heilige* Schrift bezeichnet, weil sie von *göttlich inspirierten* Menschen verfasst worden ist. Die Bibel – sowohl das Alte wie das Neue Testament – stellt in der Tat eine schier unermessliche Fundgrube für jemanden dar, der auf der Suche nach geistigen Erkenntnissen ist. Es gibt kein bedeutenderes Wahr- und Weisheitsbuch. Die Bibel ist von einer schier unendlichen Tiefe, die nach und nach ergründet werden will. Wie tief man auch immer in sie eingedrungen sein mag, hält sie immer noch neue Aspekte und Erkenntnisse bereit.

Wohl jeder, der schon einmal ernsthaft die Heilige Schrift studiert hat, wird kaum bestreiten, dass er an so mancher Bibelstelle schier verzweifelt ist, da er die eine oder andere Aussage überhaupt nicht zu verstehen vermochte, oder weil er den Eindruck gewonnen hat, dass sich so manche Begebenheiten, von denen die Bibel berichtet, nicht mit dem zu vertragen scheinen, was ein gescheiter Mensch heute über die Weltverhältnisse wissen kann. Des Weiteren kommen viele mit den *vermeintlichen* Widersprüchen, die sich insbesondere in den Evangelien befinden, nicht zurecht. Immer wieder muss man in unserer Zeit die Erfahrung machen, dass viele Zeitgenossen so manche Darstellungen, die in der Heiligen Schrift gegeben werden, verwerfen, weil sie mit den heute bekannten äußeren Weltentatsachen nichts zu tun zu haben scheinen.

Die große Mehrheit der heutigen Menschheit kommt an den Geist der Bibel nicht mehr recht heran. Sie findet nur noch die toten Buchstaben vor. Von vielen Menschen wird die Bibel häufig in einer etwas sentimentalen Art zu verstehen gesucht. Man versucht sie so auszulegen, dass das persönliche religiöse Gemüt befriedigt wird. Die Bibel wird so zu einem ›Erbauungsbuch‹. Sie will aber ein *Erkenntnisbuch* sein. Der moderne Mensch muss heute erst wieder lernen, die Bibel in diesem Sinne zu lesen.

Dank der *anthroposophisch orientierten Geisteswissenschaft,* kurz *Anthroposophie,* die der große Eingeweihte und Menschheitslehrer *Dr. Rudolf Steiner* der Welt vor rund 100 Jahren geschenkt hat, ist es uns heute möglich, die Bibel verstehen zu lernen. Aus unserer Sicht können zahlreiche Bibelpassagen erst dann verständlich werden, wenn man sie mit dem Erkenntnislicht der Anthroposophie beleuchtet. Durch sie findet man das geistige Hintergrundwissen, das nötig ist, um die Bibel zu entschlüsseln.

In diesem Werk werden die wichtigsten – und insbesondere auch zahlreiche schwer verständliche – Schilderungen der Heiligen Schrift erläutert und etliche biblische Geheimnisse – zum Beispiel die Auferstehung Christi – enthüllt.

✳ ✳ ✳ ✳ ✳ ✳ ✳ ✳ ✳ ✳ ✳ ✳ ✳ ✳ ✳ ✳

Hier finden Sie umfassende Informationen und ausführliche Leseproben zu diesem und vielen weiteren interessanten Büchern.

www.Justen-Buecher.com